한 번에 합격,
자격증은 이기적

이렇게
기막힌
적중률

함께 공부하고 특별한 혜택까지!

이기적 스터디 카페 🔍

구독자 13만 명, 전강 무료!

이기적 유튜브 🔍

자격증 독학, 어렵지 않다!
수험생 합격 전담마크

이기적 스터디 카페

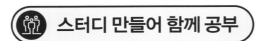 스터디 만들어 함께 공부

 전문가와 1:1 질문답변

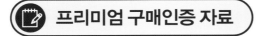 프리미엄 구매인증 자료

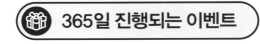 365일 진행되는 이벤트

이기적 스터디 카페   🔍

인증만 하면, 고퀄리티 강의가 무료!

100% 무료 강의

STEP
1
이기적
홈페이지
접속하기

>

STEP
2
무료동영상
게시판에서
과목 선택하기

>

STEP
3
ISBN 코드
입력 & 단어
인증하기

>

STEP
4
이기적이 준비한
명품 강의로
본격 학습하기

영진닷컴 이기적 🔍

1년 365일 이기적이 쏜다!

365일 진행되는 이벤트에 참여하고 다양한 혜택을 누리세요.

EVENT ❶
기출문제 복원

- 이기적 독자 수험생 대상
- 응시일로부터 7일 이내 시험만 가능
- 스터디 카페의 링크 클릭하여 제보

이벤트 자세히 보기 ▶

EVENT ❷
합격 후기 작성

- 이기적 스터디 카페의 가이드 준수
- 네이버 카페 또는 개인 SNS에 등록 후 이기적 스터디 카페에 인증

이벤트 자세히 보기 ▶

EVENT ❸
온라인 서점 리뷰

- 온라인 서점 구매자 대상
- 한줄평 또는 텍스트 & 포토리뷰 작성 후 이기적 스터디 카페에 인증

이벤트 자세히 보기 ▶

EVENT ❹
정오표 제보

- 이름, 연락처 필수 기재
- 도서명, 페이지, 수정사항 작성
- book2@youngjin.com으로 제보

이벤트 자세히 보기 ▶

N Pay 20,000원
네이버페이 포인트 쿠폰

영진닷컴 쇼핑몰 **30,000원**

- N페이 포인트 5,000~20,000원 지급
- 영진닷컴 쇼핑몰 30,000원 적립
- 30,000원 미만의 영진닷컴 도서 증정

※이벤트별 혜택은 변경될 수 있으므로 자세한 내용은 해당 QR을 참고하세요.

이렇게 기막힌 적중률

컴퓨터활용능력 2급
실기 기출문제집

"이" 한 권으로 합격의 "기적"을 경험하세요!

YoungJin.com Y.
영진닷컴

차례

※ 해당 모의고사 문제는 출제된 기출문제를 바탕으로 저자가 재구성하였습니다.

구매 인증 PDF

 시험대비 모의고사
01~03회 추가 제공

 시험장까지 함께 가는
핵심 요약

※ 참여 방법 : '이기적 스터디 카페' 검색 → 이기적 스터디 카페(cafe.naver.com/yj-books) 접속 → '구매 인증 PDF 증정' 게시판 → 구매 인증 → 메일로 자료 받기

실습 파일 사용 방법

01 실습 파일 다운로드하기

1. 이기적 영진닷컴 홈페이지(license.youngjin.com)에 접속하세요.

2. [자료실]-[컴퓨터활용능력] 게시판으로 들어가세요.

3. '[7593] 2025년 컴퓨터활용능력 2급 실기 기출문제집_부록 자료' 게시글을 클릭하여 첨부파일을 다운로드
   하세요.

02 실습 파일 사용하기

1. 다운로드받은 '7593' 압축 파일에서 마우스 오른쪽 버튼을 눌러 '7593'에 압축풀기를 눌러 압축을 풀어주세
   요.

2. 압축이 완전히 풀린 후에 '7593' 폴더를 더블 클릭하세요.

3. 압축이 제대로 풀렸는지 확인하세요. 아래의 그림대로 파일이 들어있어야 합니다. 그림의 파일과 다르다면
   압축 프로그램이 제대로 설치되어 있는지 확인해 주세요.

자동 채점 서비스

01   PC 설치용

1. 다운로드받은 '채점프로그램.exe' 파일에서 마우스 오른쪽 버튼을 클릭한 후 [관리자 권한으로 실행]을 선택합니다.

2. 설치 대화상자에서 [다음], [설치시작]을 클릭하여 설치를 완료합니다.

3. [시작]-[모든 프로그램]-[영진닷컴]-[2025컴활2급(기출) 채점프로그램]을 선택합니다.

4. '정답파일선택'에서 회차를 선택, '작성파일선택'에서 [찾기]를 클릭하여 사용자가 작성한 파일을 가져옵니다. [채점시작]을 클릭하여 채점합니다.

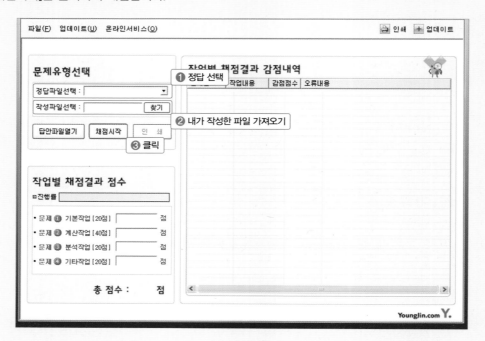

> ※ PC 버전 채점 프로그램 주의사항
> - 컴퓨터 환경에 따라 채점 프로그램 아이콘을 더블클릭했을 때 설치 및 실행이 안 될 수도 있습니다. 이런 경우 채점 프로그램 아이콘에서 마우스 오른쪽 버튼을 클릭하여 [관리자 권한으로 실행]을 클릭하세요.
> - 자동 채점 프로그램을 사용하려면 windows 프로그램 및 MS Office 정품이 설치되어 있어야 합니다. 정품이 아닐 경우 설치 및 실행 시 에러가 발생할 수 있습니다.
> - 업데이트가 있을 경우, 인터넷이 연결되어 있지 않은 컴퓨터는 채점 프로그램이 업데이트되지 않습니다.

1. 인터넷 검색 창에 http://www.comlicense.co.kr/ 또는 이기적컴활.com을 입력하여 사이트에 접속합니다.

2. '년도선택: 2025', '교재선택: 이기적 컴퓨터활용능력 2급 기출문제집'을 선택한 후 [교재 선택 완료] 버튼을 클릭합니다.

3. '회차선택'에서 정답 파일을 선택, '작성파일선택'에서 [찾아보기] 버튼을 클릭하여 수험자가 작성한 파일을 가져온 후, [채점시작]을 버튼을 클릭합니다.

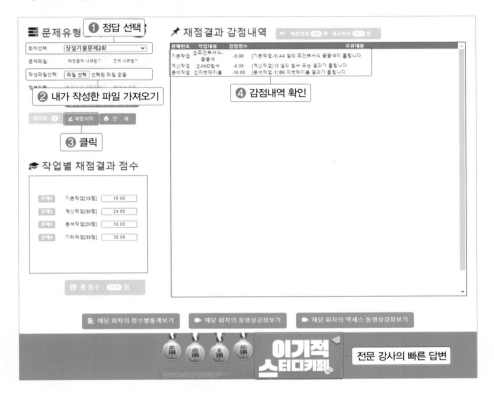

> ※ 웹 사이트 채점 프로그램 주의사항
> • 인터넷이 연결되어 있지 않은 컴퓨터는 웹 사이트 채점을 이용할 수 없습니다.
> • 개인 인터넷 속도, 수험생의 접속자 수에 따라 채점 속도가 다를 수 있습니다.
> • 본 도서에서 제공하는 웹 채점 서비스는 1판 1쇄 기준 2년간 유효합니다.

회별 숨은 기능 찾기

▶ 기출문제 따라하기

	기본작업	계산작업	분석작업	기타작업
기출 문제 따라 하기	1번: 자료 입력 2번: 서식 지정 3번: 텍스트 나누기	1번: INDEX/MATCH/LARGE 2번: IF/MONTH 3번: HLOOKUP/LEFT/& 4번: HOUR/MINUTE/IF 5번: SWITCH/IFERROR/WEEKDAY	1번: 부분합 2번: 시나리오	1번: 차트 2번: 매크로

▶ 실전 모의고사

	기본작업	계산작업	분석작업	기타작업
1회	1번: 자료 입력 2번: 서식 지정 3번: 조건부 서식	1번: IF/RIGHT 2번: COUNTIFS/& 3번: IF/RANK.EQ 4번: VLOOKUP/LEFT/RIGHT/& 5번: DAVERAGE	1번: 시나리오 2번: 데이터 표	1번: 차트 2번: 매크로
2회	1번: 자료 입력 2번: 서식 지정 3번: 조건부 서식	1번: CHOOSE/LEFT 2번: IF/AND/OR 3번: IFERROR/HLOOKUP 4번: COUNTIFS/& 5번: IF/RANK.EQ	1번: 시나리오 2번: 부분합	1번: 차트 2번: 매크로
3회	1번: 자료 입력 2번: 서식 지정 3번: 조건부 서식	1번: IFERROR/CHOOSE/MID 2번: HLOOKUP 3번: IF/AND/AVERAGE 4번: COUNTIF 5번: IF/RANK.EQ	1번: 피벗 테이블 2번: 부분합	1번: 차트 2번: 매크로
4회	1번: 자료 입력 2번: 서식 지정 3번: 고급 필터	1번: VLOOKUP/LEFT 2번: WORKDAY 3번: IF 4번: MID/SEARCH 5번: TRUNC/AVERAGEIF/&	1번: 데이터 통합 2번: 시나리오	1번: 차트 2번: 매크로
5회	1번: 자료 입력 2번: 서식 지정 3번: 고급 필터	1번: IFERROR/CHOOSE/RANK.EQ 2번: HLOOKUP/MID/& 3번: INDEX/MATCH/MAX 4번: IF/STDEV.S 5번: IF/MOD/MID	1번: 피벗 테이블 2번: 데이터 통합	1번: 차트 2번: 매크로
6회	1번: 자료 입력 2번: 서식 지정 3번: 조건부 서식	1번: UPPER/PROPER/& 2번: VLOOKUP/LARGE 3번: IF/RANK.EQ 4번: VLOOKUP/AVERAGEIF 5번: AVERAGEIF	1번: 피벗 테이블 2번: 데이터 통합	1번: 차트 2번: 매크로
7회	1번: 자료 입력 2번: 서식 지정 3번: 고급 필터	1번: IF/LEFT 2번: IF/RANK.EQ 3번: COUNTIFS/& 4번: DSUM 5번: HLOOKUP/RANK.EQ	1번: 부분합 2번: 데이터 표	1번: 차트 2번: 매크로
8회	1번: 자료 입력 2번: 서식 지정 3번: 외부 데이터 가져오기	1번: DATE/MID 2번: IF/AND/OR 3번: IFERROR/HLOOKUP 4번: COUNTIFS 5번: IF/RANK.EQ	1번: 데이터 통합 2번: 시나리오	1번: 차트 2번: 매크로
9회	1번: 자료 입력 2번: 서식 지정 3번: 고급 필터	1번: COUNTIFS/& 2번: IF/SMALL 3번: VLOOKUP/VALUE/LEFT 4번: DAYS/TODAY 5번: IF/SUM	1번: 시나리오 2번: 피벗 테이블	1번: 차트 2번: 매크로
10회	1번: 자료 입력 2번: 서식 지정 3번: 자동 필터	1번: IF/AND/AVERAGE 2번: VLOOKUP/LEFT 3번: ROUND/DAVERAGE 4번: IFERROR/CHOOSE/MID 5번: SUMIFS/&	1번: 피벗 테이블 2번: 데이터 통합	1번: 차트 2번: 매크로

시험의 모든 것

Step 1	실기 응시 자격 조건

필기 합격자 응시 가능

Step 2	시험 원서 접수하기

• 대한상공회의소 자격평가사업단 접속
• 시험 기간 조회 후 원하는 날짜와 시간에 응시

Step 3	시험 응시하기

수험표, 신분증을 지참하고 고사장 입실

Step 4	합격 여부 확인하기

상시 검정 다음 날 인터넷으로 합격 여부 확인

Step 5	자격증 발급하기

[마이페이지]–[자격증신청] 페이지에서 신청

1. 응시 자격

수검자격(제한 없음)

2. 원서 접수

필기 : 20,500원, 실기 : 25,000원

3. 합격 기준

필기 시험	매 과목 100점 만점에 과목당 40점 이상, 평균 60점 이상
실기 시험	100점 만점에 70점 이상(1급은 두 과목 모두 70점 이상)

4. 합격자 발표

대한상공회의소 홈페이지(license.korcham.net)에서 발표

5. 자격증 수령

• 휴대할 수 있는 카드 형태의 자격증 발급
• 취득(합격)확인서를 필요로 하는 경우 취득(합격)확인서 발급

형태	• 휴대하기 편한 카드 형태의 자격증 • 신청자에 한해 자격증 발급
신청 절차	인터넷(license.korcham.net)을 통해 자격증 발급 신청
수수료	• 인터넷 접수 수수료 : 3,100원 • 우편 발송 요금 : 3,000원
우편 수령	방문 수령은 진행하지 않으며, 우편 등기배송으로만 수령할 수 있음
신청 접수 기간	자격증 신청 기간은 따로 없으며 신청 후 10~15일 후 수령 가능

6. 공식 버전

• 컴퓨터활용능력 시험 공식 버전 : Windows 10, MS Office LTSC 2021
• Office Professional 2021 : 가정이나 직장에서 사용하기 위해 한 대의 PC에 기본 Office 앱과 전자 메일을 설치하려는 가족 및 소규모 기업용을 위한 제품입니다.
• Office LTSC : 상용 및 공공기관 고객을 위한 Microsoft 365의 최신 영구 버전으로, 두 플랫폼(Windows 및 Mac)에서 모두 이용 가능한 일회성 "영구" 구매로 사용할 수 있는 디바이스 기반 라이선스입니다.
• MS Office Professional 2021 프로그램의 업데이트 버전을 사용하는 경우, LTSC 버전과 일부 명칭 및 메뉴가 다를 수 있습니다. 본 도서는 시험장에서 사용하는 LTSC 버전으로 작성되었으며, 일반 사용자 프로그램인 MS Office Professional 2021의 업데이트 버전을 사용하고 계신 독자분들을 위해 본문에 Tip으로 두 프로그램의 차이점을 알려드리고 있습니다. 또한, 업데이트는 계속될 수 있으며, 이후 추가되는 업데이트로 인해 내용이 달라질 수 있음을 알려드립니다.
※ 더욱 자세한 사항은 대한상공회의소 자격평가사업단 홈페이지(license.korcham.net)를 참고하시기 바랍니다.

Q&A

Q MS Office 업데이트로 인해 [데이터] 탭의 [데이터 가져오기]-[기타 원본에서]-[Microsoft Query에서] 메뉴가 보이지 않을 때 어떻게 해야 하나요?

A ————————————————
① [파일]-[옵션]을 클릭하여 [데이터]의 'Microsoft Query에서(레거시)'를 체크하고 [확인]을 클릭합니다. ② [데이터]-[데이터 가져오기 및 변환] 그룹에서 [데이터 가져오기]-[레거시 마법사]-[Microsoft Query에서(레거시)] 메뉴를 이용하세요.

Q 매크로가 실행되지 않는데 어떻게 해야 하나요?

A ————————————————
[파일] 탭의 [옵션]을 선택합니다. [Excel 옵션]에서 [보안센터]-[보안센터 설정]을 클릭하여 '매크로 설정'에서 'VBA 매크로 사용(권장 안 함, 위험한 코드가 시행될 수 있음)'에 체크해주세요.

Q 컴퓨터활용능력 실기시험의 과목과 합격하기 위해 필요한 점수는 몇 점인가요?

A ————————————————
컴퓨터활용능력 2급 실기 시험의 경우에는 '스프레드시트 실무' 한 과목이며 70점 이상 득점하면 합격입니다. 1급 실기 시험은 '스프레드시트 실무'와 '데이터베이스 실무'의 두 과목으로 구성되어 있으며 각 과목당 70점 이상 득점해야 합격할 수 있습니다.

Q 색상이나 차트 등에 마우스를 올렸을 때 이름이나 설명이 표시되지 않는 경우는 어떻게 해야 하나요?

A ————————————————
[Excel 옵션]-[일반] 탭에서 '실시간 미리보기 사용'에 체크, 화면 설명 스타일을 '화면 설명에 기능 설명 표시'를 선택하세요.

Q 함수 입력 시 도움을 주는 스크린 팁이 보이게 하려면 어떻게 하나요?

A ————————————————
[파일]-[옵션]-[고급]-[표시]에 '함수 화면 설명 표시'에 체크해주세요

Q 셀에 서식을 지정하거나 함수를 입력하고 나니 값이 '####'으로 되었습니다. 어떻게 하나요?

A ————————————————
문제에서 별도의 지시사항이 없으면 그대로 두거나, 해당 열의 너비를 조정하여 데이터가 보이게 해도 됩니다.

Q 컴퓨터활용능력 실기시험에서 사용하는 프로그램의 버전은 어떻게 되나요?

A ————————————————
2024년 1월부터 시행되는 시험은 Microsoft Office LTSC Professional Plus 2021으로 응시할 수 있습니다.

기출문제 따라하기

기출문제 따라하기

프로그램명	소요시간	합격 점수
EXCEL 2021	40분	70점

수험번호 : _____

성   명 : _____

·· **유의사항** ··

- 인적 사항 누락 및 잘못 작성으로 인한 불이익은 수험자 책임으로 합니다.

- 화면에 암호 입력창이 나타나면 아래의 암호를 입력하여야 합니다.
  ○ 암호: 6845%3

- 작성된 답안은 주어진 경로 및 파일명을 변경하지 마시고 그대로 저장해야 합니다. 이를 준수하지 않으면 실격 처리됩니다.
  ○ 답안 파일명의 예: C:₩OA₩수험번호8자리.xlsm

- 외부데이터 위치: C:₩OA₩파일명

- 별도의 지시사항이 없는 경우, 다음과 같이 처리 시 실격 처리됩니다.
  ○ 제시된 시트 및 개체의 순서나 이름을 임의로 변경한 경우
  ○ 제시된 시트 및 개체를 임의로 추가 또는 삭제한 경우
  ○ 외부데이터를 시험 시작 전에 열어본 경우

- 답안은 반드시 문제에서 지시 또는 요구한 셀에 입력하여야 하며 다음과 같이 처리 시 채점 대상에서 제외됩니다.
  ○ 제시된 함수가 있을 경우 제시된 함수만을 사용하여야 하며 그 외 함수사용시 채점대상에서 제외
  ○ 수험자가 임의로 지시하지 않은 셀의 이동, 수정, 삭제, 변경 등으로 인해 셀의 위치 및 내용이 변경된 경우 해당 작업에 영향을 미치는 관련문제 모두 채점 대상에서 제외
  ○ 도형 및 차트의 개체가 중첩되어 있거나 동일한 계산결과 시트가 복수로 존재할 경우 해당 개체나 시트는 채점 대상에서 제외

- 수식 작성 시 제시된 문제 파일의 데이터는 변경 가능한(가변적) 데이터임을 감안하여 문제 풀이를 하시오.

- 별도의 지시사항이 없는 경우, 주어진 각 시트 및 개체의 설정값 또는 기본 설정값 (Default)으로 처리하시오.

- 저장 시간은 별도로 주어지지 않으므로 제한된 시간 내에 저장을 완료해야 하며, 제한 시간 내에 저장이 되지 않은 경우에는 실격 처리됩니다.

- 출제된 문제의 용어는 MS Office LTSC Professional Plus 2021 기준으로 작성되어 있습니다.

대 한 상 공 회 의 소

01 '기본작업-1' 시트에 다음의 자료를 주어진 대로 입력하시오. (5점)

	A	B	C	D	E	F
1	반도체 장비					
2						
3	장비코드	장비명	수입국	제조일	가격	분류
4	SE-A12345	웨이퍼 스캐너	일본	2020-10-01	50,000,000	Lithography
5	SE-N67890	증착장비	독일	2019-05-09	30,000,000	Deposition
6	SE-T11223	식각장비	미국	2021-04-01	40,000,000	Etching
7	SE-S44556	노광장비	네덜란드	2018-05-10	60,000,000	Lithography
8	SE-T78901	이온 주입기	프랑스	2022-10-01	70,000,000	Ion Implantation
9	SE-U22334	화학 기계 연마 장비	스위스	2020-11-05	45,000,000	CMP
10						

02 '기본작업-2' 시트에 대하여 다음의 지시사항을 처리하시오. (각 2점)

① [B1:G1] 영역은 '선택 영역의 가운데로', 셀 스타일 '제목 1'로 지정하고 1행의 행 높이를 27로 설정하시오.

② [B4:B6], [B7:B9], [B10:B12], [B13:B16] 영역은 '병합하고 가운데 맞춤'을 지정하고, [B3:G3] 영역은 '가로 가운데 맞춤', 셀 스타일은 '녹색, 강조색6'으로 지정하시오.

③ [C3] 셀 '환자'를 '患者'로 한자 변환하고, [E4:E16] 영역은 날짜와 요일을 [표시 예]와 같이 표시하시오. [표시 예: 06-09(월)]

④ [F9] 셀에 'X-ray 촬영'이라는 메모를 텍스트에 맞춰 자동으로 크기가 조절되도록 삽입하고 항상 표시되도록 하시오.

⑤ [B3:G16] 영역에 '모든 테두리'(⊞)를 적용한 후 '굵은 바깥쪽 테두리'(⬛)를 적용하여 표시하시오.

03 '기본작업-3' 시트에 대하여 다음의 지시사항을 처리하시오. (5점)

[B4:B21] 영역의 데이터를 텍스트 나누기를 실행하여 나타내시오.

▶ 데이터는 쉼표(,)와 슬래시(/)로 구분되어 있음

▶ '항목' 열은 제외할 것

01 [표1]에서 평가점수[C3:C9]가 가장 높은 고등학교[A3:A9]를 찾아 [C10] 셀에 표시하시오. (8점)

▶ INDEX, MATCH, LARGE 함수 사용

02 [표2]에서 입사일에서 월만 추출하여 [I3:I9] 영역에 표시하시오. (8점)

▶ 1월~6월까지는 '정규직 입사', 9월은 '계약직 입사' 그 외는 공백으로 표시하시오.
▶ IF, MONTH 함수 사용

03 [표3]에서 기준표 [G13:I14]를 참조하여 동별 공동관리비를 구한 후 금액을 계산하여 [D14:D21] 영역에 표시하시오. (8점)

▶ 관리비는 코드 왼쪽의 한글자와 '동'을 연결하여 참조
▶ 금액 = 공동관리비 + 전기료 외
▶ HLOOKUP, LEFT 함수와 & 연산자 사용

04 [표4]에서 종료시간[C25:C31]에서 시작시간[B25:B31]을 뺀 이용시간[D25:D31]를 [표시 예]와 같이 표시하시오. (8점)

▶ 종료시간에서 시작시간을 뺀 시간 단위에서 30분을 초과한 경우 한 시간을 더하여 뒤에 '시간'을 붙여 표시 [표시 예 : 2시간]
▶ HOUR, MINUTE, IF 함수와 연산자 사용

05 [표5]에서 시험일을 이용하여 요일[H25:H32] 영역에 표시하시오. (8점)

▶ 시험일이 월요일부터 금요일일 경우 평일, 토요일, 일요일일 경우 주말로 표시
▶ WEEKDAY 함수는 일요일은 1로 반환하는 타입 이용
▶ SWITCH, IFERROR, WEEKDAY 함수 사용

01 '분석작업-1' 시트에 대하여 다음의 지시사항을 처리하시오. (10점)

[부분합] 기능을 이용하여 '학년별 모의고사' 표에 〈그림〉과 같이 학년별 '국어', '수학', '영어'의 평균을 계산한 후 최대값을 계산하시오.

▶ 정렬은 '학년'을 기준으로 오름차순으로 처리하시오.

▶ 평균과 최대값은 위에 명시된 순서대로 처리하시오.

▶ 개요 번호가 표시되지 않도록 개요 지우기를 하고, 표 서식은 '녹색, 표 스타일 보통 7'로 적용하시오.

	A	B	C	D	E	F	G	H	I	J	K
1											
2		학년별 모의고사									
3											
4		학년 ▼	성명 ▼	선택과목▼	국어 ▼	수학 ▼	영어 ▼	선택1▼	선택2▼	합계 ▼	
5		1	박준수	과탐	91	68	79	48	39	325	
6		1	신재호	과탐	84	74	88	40	30	316	
7		1	이동수	과탐	69	70	69	30	23	261	
8		1	전준영	과탐	74	69	62	46	45	296	
9		1 최대			91	74	88				
10		1 평균			79.5	70.25	74.5				
11		2	김승일	사탐	42	32	39	32	47	192	
12		2	김현식	사탐	46	54	45	40	32	217	
13		2	박상수	사탐	98	88	92	34	32	344	
14		2	최동명	사탐	55	45	62	34	44	240	
15		2	황효진	과탐	68	57	40	36	28	229	
16		2 최대			98	88	92				
17		2 평균			61.8	55.2	55.6				
18		3	강수호	직탐	67	55	54	35	47	258	
19		3	김호철	직탐	75	65	36	30	26	232	
20		3	이명우	직탐	65	67	68	30	23	253	
21		3	이승훈	사탐	85	86	75	48	36	330	
22		3	조승구	직탐	57	62	58	32	23	232	
23		3	조인호	직탐	77	78	78	35	22	290	
24		3 최대			85	86	78				
25		3 평균			71	68.83333	61.5				
26		전체 최대값			98	88	92				
27		전체 평균			70.2	64.66667	63				
28											

02 '분석작업-2' 시트에 대하여 다음의 지시사항을 처리하시오. (10점)

'상공마트 행사 상품' 표에서 '할인율[B16]' 셀이 다음과 같이 변동되는 경우 '총합계[H13]' 셀의 변동 시나리오를 작성하시오.

▶ [B16] 셀의 이름은 '할인율', [H13] 셀의 이름은 '총합계'로 정의하시오.

▶ 시나리오1 : 시나리오 이름은 '10% 인하', 할인율 10%씩 인상된 값으로 설정하시오.

▶ 시나리오2 : 시나리오 이름은 '15% 인하', 할인율 15%씩 인상된 값으로 설정하시오.

▶ 위 두 시나리오에 의한 '시나리오 요약' 시트는 '분석작업-2' 시트의 바로 뒤에 위치시키시오.

※ 시나리오 요약 보고서 작성 시 정답과 일치하여야 하며, 오자로 인한 부분 점수는 인정하지 않음

01 '기타작업-1' 시트에서 다음과 같은 기능을 수행하는 매크로를 현재 통합 문서에 작성하고 실행하시오. (각 5점)

① 차이[E5:E16] 영역에 차이를 계산하는 매크로를 생성하여 실행하시오.

▶ 차이 = 2025-2024

▶ 매크로 이름 : 계산하기

▶ [도형]-[기본 도형]의 '육각형'(⬡)을 동일 시트의 [G4:H5] 영역에 생성한 후, 텍스트를 '계산하기'로 입력하고, 도형을 클릭할 때 '계산하기' 매크로가 실행되도록 설정하시오.

② [E5:E16] 영역은 표시 형식을 숫자, 소수 자릿수는 '1', 음수일 경우 '- 빨강색'으로 표시되게 매크로를 생성하여 실행하시오.

▶ [표시 예 : -50.4]

▶ 매크로 이름 : 서식지정

▶ [도형]-[기본 도형]의 '사각형: 빗면'(▱)을 동일 시트의 [G7:H8] 영역에 생성한 후, 텍스트를 '서식지정'으로 입력하고, 도형을 클릭할 때 '서식지정' 매크로가 실행되도록 설정하시오.

※ 셀 포인터의 위치에 상관없이 현재 통합문서에서 매크로가 실행되어야 정답으로 인정됨

02 '기타작업-2' 시트의 차트를 지시사항에 따라 아래 그림과 같이 수정하시오. (각 2점)

※ 차트는 반드시 문제에서 제공한 차트를 사용하여야 하며, 신규로 작성 시 0점 처리됨

① 차트의 종류는 '3차원 묶은 세로 막대형'으로 변경하고, 세로 막대 모양은 '원통형'으로 변경하시오.

② 차트 제목은 '차트 위'로 지정한 후 [B2] 셀과 연동되도록 설정하고, 범례는 위쪽에 표시하시오.

③ 공동주택 계열의 1월 요소만 데이터 레이블의 '값'으로 설정하고, 세로 값(축)의 최소값 '200', 최대값은 '1600'으로 설정하시오.

④ 축 제목을 '기본 세로'로 '(단위 : 톤)'을 입력하고 텍스트 방향을 '세로'로 변경하시오.

⑤ 차트 영역 서식은 도형 스타일 '색 윤곽선 - 녹색, 강조 6'으로 설정하고, '둥근 모서리'로 지정하시오.

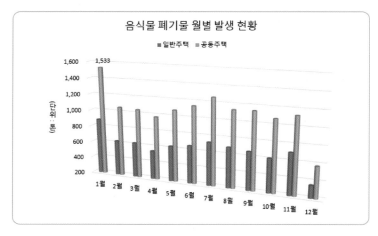

문제1　기본작업

01 자료 입력

정답

▲	A	B	C	D	E	F
1	반도체 장비					
2						
3	장비코드	장비명	수입국	제조일	가격	분류
4	SE-A12345	웨이퍼 스캐너	일본	2020-10-01	50,000,000	Lithography
5	SE-N67890	증착장비	독일	2019-05-09	30,000,000	Deposition
6	SE-T11223	식각장비	미국	2021-04-01	40,000,000	Etching
7	SE-S44556	노광장비	네덜란드	2018-05-10	60,000,000	Lithography
8	SE-T78901	이온 주입기	프랑스	2022-10-01	70,000,000	Ion Implantation
9	SE-U22334	화학 기계 연마 장비	스위스	2020-11-05	45,000,000	CMP
10						

[A3:F9] 셀까지 문제를 보고 오타 없이 작성한다.

02 서식 지정

정답

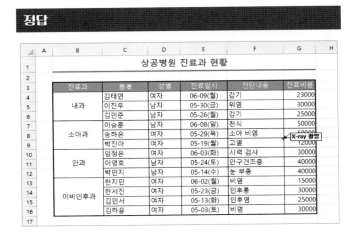

① [B1:G1] 영역을 범위 지정한 후 Ctrl + 1 을 눌러 [맞춤] 탭에서 가로의 '선택 영역의 가운데로'를 선택하고 [확인]을 클릭한다.

② [B1:G1] 영역이 범위 지정된 상태에서 [홈]-[스타일] 그룹의 [셀 스타일]을 클릭하여 '제목 1'을 선택한다.

③ 1행 머리글에서 마우스 오른쪽 버튼을 눌러 [행 높이]를 클릭하여 27을 입력한다.

④ [B4:B6], [B7:B9], [B10:B12], [B13:B16] 영역을 범위 지정한 후 [홈]–[맞춤] 그룹에서 [병합하고 가운데 맞춤] (🗔)을 클릭한다.

⑤ [B3:G3] 영역을 범위 지정한 후 [홈]–[맞춤] 그룹에서 [가운데 맞춤](☰)을 클릭한다.

⑥ [홈]–[스타일] 그룹의 [셀 스타일]을 클릭하여 '녹색, 강조 색6'을 선택한다.

⑦ [C3] 셀의 '환자'를 범위 지정한 후 키보드의 [한자]를 눌러 한자 '患者'를 선택하고 [변환]을 클릭한다.

⑧ [E4:E16] 영역을 범위 지정한 후 [Ctrl]+[1]을 눌러 '사용자 지정'에 mm-dd(aaa)를 입력하고 [확인]을 클릭한다.

⑨ [F9] 셀에서 마우스 오른쪽 버튼을 눌러 [메모 표시/숨기기]를 클릭한 후 기존 사용자 이름을 지우고 X-ray 촬영을 입력한다.

⑩ [F9] 셀에서 마우스 오른쪽 버튼을 눌러 [메모 표시/숨기기]를 클릭하고, 메모의 경계라인에서 마우스 오른쪽 버튼을 눌러 [메모 서식]을 클릭한 후 [맞춤] 탭에서 '자동 크기'를 체크하고 [확인]을 클릭한다.

⑪ [B3:G16] 영역을 범위 지정한 후 [홈]–[글꼴] 그룹에서 [테두리](⊞ ▾) 도구의 [모든 테두리](⊞)를 클릭한 후 [굵은 바깥쪽 테두리](⊡)를 클릭한다.

03 텍스트 나누기

정답

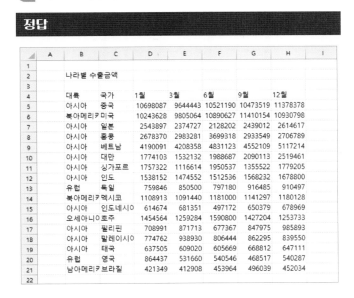

	A	B	C	D	E	F	G	H	I
1									
2		나라별 수출금액							
3									
4		대륙	국가	1월	3월	6월	9월	12월	
5		아시아	중국	10698087	9644443	10521190	10473519	11378378	
6		북아메리카	미국	10243628	9805064	10890627	11410154	10930798	
7		아시아	일본	2543897	2374727	2128202	2439012	2614617	
8		아시아	홍콩	2678370	2983281	3699318	2933549	2706789	
9		아시아	베트남	4190091	4208358	4831123	4552109	5117214	
10		아시아	대만	1774103	1532132	1988687	2090113	2519461	
11		아시아	싱가포르	1757322	1116614	1950537	1355522	1779205	
12		아시아	인도	1538152	1474552	1512536	1568232	1678800	
13		유럽	독일	759846	850500	797180	916485	910497	
14		북아메리카	멕시코	1108913	1091440	1181000	1141297	1180128	
15		아시아	인도네시아	614674	681351	497172	650379	678969	
16		오세아니아	호주	1454564	1259284	1590800	1427204	1253733	
17		아시아	필리핀	708991	871713	677367	847975	985893	
18		아시아	말레이시아	774762	938930	806444	862295	839550	
19		아시아	태국	637505	609020	605669	668812	647111	
20		유럽	영국	864437	531660	540546	468517	540287	
21		남아메리카	브라질	421349	412908	453964	496039	452034	
22									

① [B4:B21] 영역을 범위 지정한 후 [데이터]-[데이터 도구] 그룹에서 [텍스트 나누기](📋)를 클릭한다.

② [텍스트 마법사 – 3단계 중 1단계]에서 '구분 기호로 분리됨'을 선택하고 [다음]을 클릭한다.

③ [텍스트 마법사 – 3단계 중 2단계]에서 '쉼표'와 '기타'를 선택하고 /를 입력하고 [다음]을 클릭한다.

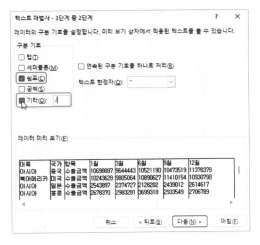

④ [텍스트 마법사 – 3단계 중 3단계]에서 '항목'을 선택한 후 '열 가져오지 않음'을 선택하고 [마침]을 클릭한다.

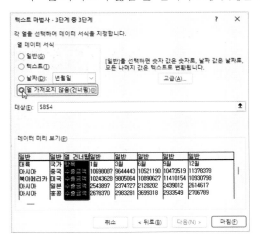

정답

	A	B	C	D	E	F	G	H	I	J
1	[표1]					[표2]				
2	고등학교	설립년도	평가점수	지역		성명	지역	입사일	구분	
3	주광	2001-01-05	90	포항		김미정	안성	2026-05-03	정규직 입사	
4	동백	2002-02-04	80	대구		서진수	안양	2026-07-07		
5	범광	1990-10-01	75	서울		박주영	산본	2026-09-17	계약직 입사	
6	산시	1989-05-10	80	광주		원영현	평촌	2026-04-14	정규직 입사	
7	천인	1988-10-30	95	인천		오선영	광주	2026-11-05		
8	제마	1985-05-06	78	제주		최온미	천안	2026-09-24	계약직 입사	
9	전대	1985-03-04	98	대전		박진회	천안	2026-10-28		
10	평가점수 높은 고등학교		전대							
11										
12	[표3]									
13	코드	세대명	전기료 외	금액			A동	B동	C동	
14	A101	김철수	98,100	228,900		공동관리비	130,800	145,800	165,000	
15	A102	이영희	78,200	209,000						
16	B201	박영수	72,000	217,800						
17	B202	최민지	57,200	203,000						
18	C301	홍길동	48,600	213,600						
19	C302	유재석	38,000	203,000						
20	C303	오상진	69,000	234,000						
21	C304	곽진수	49,200	214,200						
22										
23	[표4]					[표5]				
24	고객번호	시작시간	종료시간	이용시간		이름	시험일	요일		
25	06-6519	12:00	13:05	1시간		김철수	2026-08-01	주말		
26	15-2466	13:05	16:10	3시간		이영희	2026-07-28	평일		
27	08-9938	11:15	16:20	5시간		박영수	2026-07-25	주말		
28	05-7592	9:40	13:00	3시간		최민지	2026-08-03	평일		
29	06-2762	10:05	12:00	2시간		홍길동	2026-08-10	평일		
30	07-3111	13:10	17:40	4시간		유재석	2026-08-06	평일		
31	08-5626	14:30	16:00	1시간		오상진	2026-03-01	주말		
32						곽진수	2026-03-02	평일		
33										

01 평가점수 높은 고등학교[C10]

[C10] 셀에 =INDEX(A3:A9,MATCH(LARGE(C3:C9,1), C3:C9,0))를 입력한다.

함수 설명

❶ LARGE(C3:C9,1) : [C3:C9] 영역에서 첫 번째로 큰 값을 구함

❷ MATCH(❶,C3:C9,0) : ❶ 값을 [C3:C9] 영역에서 몇 번째 위치 하는지를 숫자로 반환

=INDEX(A3:A9,❷) : [A3:A9] 영역에서 ❷ 번째 행에 있는 값을 찾아서 표시

02 구분[I3:I9]

[I3] 셀에 =IF(MONTH(H3)<=6,"정규직 입사",IF(MONTH(H3)=9,"계약직 입사",""))를 입력하고 [I9] 셀까지 수식을 복사한다.

함수 설명

❶ MONTH(H3) : [H3] 셀에서 월을 추출함

=IF(❶<=6,"정규직 입사",IF(❶=9,"계약직 입사","")) : ❶의 값이 6이 하이면 '정규직 입사', ❶의 값이 9이면 '계약직 입사', 그 외는 공백 으로 표시

03 금액[D14:D21]

[D14] 셀에 =HLOOKUP(LEFT(A14,1)&"동",$G$13:$I
$14,2,0)+C14를 입력하고 [D21] 셀까지 수식을 복사한다.

> **함수 설명**
>
> ❶ LEFT(A14,1) : [A14] 셀에서 왼쪽에서 시작하여 1글자를 추출함
> ❷ HLOOKUP(❶&"동",$G$13:$I$14,2,0) : ❶에 동을 붙여서 [G13:
> I14] 영역의 첫 번째 행에서 찾아 2번째 행의 값을 찾아옴
>
> =❷+C14 : ❷값에 [C14] 셀의 값을 더하여 표시

04 이용시간[D25:D31]

[D25] 셀에 =IF(MINUTE(C25−B25)>30,HOUR(C25−
B25)+1,HOUR(C25−B25))&"시간"를 입력하고 [D31] 셀
까지 수식을 복사한다.

> **기적의 TIP**
>
> =HOUR(C25−B25)+IF(MINUTE(C25−B25)>30,1,0)&"시간"
> 로 입력해도 된다.

> **함수 설명**
>
> ❶ MINUTE(C25−B25) : [C25]−[B25]를 계산한 시간에서 분을 추
> 출함
> ❷ HOUR(C25−B25) : [C25]−[B25]를 계산한 시간에서 시를 추출
> 함
>
> =IF(❶>30,❷+1,❷)&"시간" : ❶의 값이 30보다 크면 ❷+1로 계산,
> 그 외는 ❷를 반환하고 '시간'을 붙여서 표시

05 요일[H25:H32]

[H25] 셀에 =IFERROR(SWITCH(WEEKDAY(G25),1,"
주말",7,"주말"),"평일")를 입력하고 [H32] 셀까지 수식을 복
사한다.

> **함수 설명**
>
> ❶ WEEKDAY(G25) : [G25] 셀 날짜의 요일을 숫자로 반환(일요일
> 1로 반환됨)
> ❷ SWITCH(❶,1,"주말",7,"주말") : ❶의 값이 1이면 '주말', 7이면 '주
> 말'로 반환
>
> =IFERROR(❷,"평일") : ❷의 값에 오류가 있다면 '평일'로 표시

01 부분합

정답

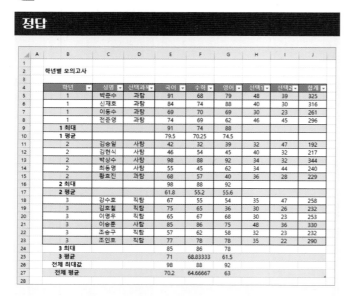

A	B	C	D	E	F	G	H	I	J
2	학년별 모의고사								
4	학년	성명	선택과목	국어	수학	영어	선택1	선택2	합계
5	1	박준수	과탐	91	68	79	48	39	325
6	1	신재호	과탐	84	74	88	40	30	316
7	1	이동수	과탐	69	70	69	30	23	261
8	1	전준영	과탐	74	69	62	46	45	296
9	1 최대			91	74	88			
10	1 평균			79.5	70.25	74.5			
11	2	김승일	사탐	42	32	39	32	47	192
12	2	김현식	사탐	46	54	45	40	32	217
13	2	박상수	사탐	98	88	92	34	32	344
14	2	최동명	사탐	55	45	62	34	44	240
15	2	황효진	과탐	68	57	40	36	28	229
16	2 최대			98	88	92			
17	2 평균			61.8	55.2	55.6			
18	3	강수호	직탐	67	55	54	35	47	258
19	3	김호철	직탐	75	65	36	30	26	232
20	3	이명우	직탐	65	67	68	30	23	253
21	3	이승훈	사탐	85	86	75	48	36	330
22	3	조승구	직탐	57	62	58	32	23	232
23	3	조인호	직탐	77	78	78	35	22	290
24	3 최대			85	86	78			
25	3 평균			71	68.83333	61.5			
26	전체 최대값			98	88	92			
27	전체 평균			70.2	64.66667	63			

① [B4] 셀을 선택한 후 [데이터]-[정렬 및 필터] 그룹에서 [텍스트 오름차순 정렬](↓)을 클릭한다.

② [데이터]-[개요] 그룹에서 [부분합](▦)을 클릭한 후 다음과 같이 지정하고 [확인]을 클릭한다.

- 그룹화할 항목 : 학년
- 사용할 함수 : 평균
- 부분합 계산 항목 : 국어, 수학, 영어

③ 다시 한 번 [데이터]-[개요] 그룹에서 [부분합](▦)을 클릭한 후 다음과 같이 지정하고 [확인]을 클릭한다.

- 그룹화할 항목 : 학년
- 사용할 함수 : 최대
- 부분합 계산 항목 : 국어, 수학, 영어
- '새로운 값으로 대치' 체크 해제

④ [데이터]-[개요] 그룹에서 [그룹 해제]-[개요 지우기]를 클릭한다.

⑤ [B4:J27] 영역을 범위 지정한 후 [홈]-[스타일] 그룹의 [표 서식]에서 '녹색, 표 스타일 보통 7'을 선택하고 [확인]을 클릭한다.

기적의 TIP

★주의 사항★ 표 서식을 먼저 적용하고 개요 지우기를 실행할 때에는 부분합 영역([표 서식]) 밖에 셀을 선택한 후 실행한다.

[B4:J27] 영역을 범위 지정하지 않고 [표 서식]을 실행했을 때 27행이 포함되지 않을 수 있는데, 표 서식의 오른쪽 하단의 조절점을 드래그하여 수정할 수 있다.

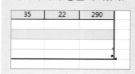

⑫ 시나리오

정답

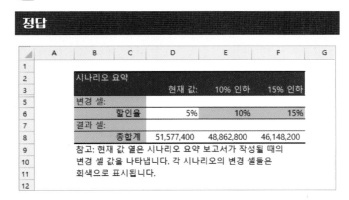

① [B16] 셀을 선택한 후 '이름 상자'에 **할인율**을 입력한다.

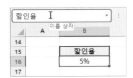

② [H13] 셀을 선택한 후 '총합계'로 이름을 정의한다.

③ [B16] 셀을 선택한 후 [데이터]-[예측] 그룹의 [가상 분석]-[시나리오 관리자]를 클릭한 후 [추가]를 클릭한다.

④ [시나리오 추가]에서 시나리오 이름에 **10% 인하**를 입력하고 [확인]을 클릭한다.

⑤ [시나리오 값]에 **10%**(또는 0.1)을 입력하고 [추가]를 클릭한다.

⑥ [시나리오 추가]에 **15% 인하**를 입력하고, [시나리오 값]에 **15%**(또는 0.15)를 입력하고 [확인]을 클릭한다.

⑦ [시나리오 관리자]에서 [요약]을 클릭한다.

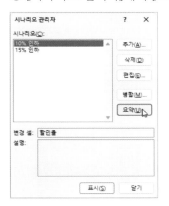

⑧ [시나리오 요약]에서 결과 셀에 [H13] 셀을 지정하고 [확인]을 클릭한다.

⑨ '시나리오 요약' 시트를 드래그하여 '분석작업-2' 시트 뒤로 이동한다.

01 매크로

정답

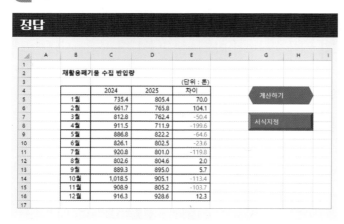

① [삽입]-[일러스트레이션] 그룹의 [도형]-[기본 도형]의 육각형(⬡)을 클릭한다.
② 마우스 포인트가 '+'로 바뀌면 [G4:H5] 영역에 드래그한 후 **계산하기**를 입력한다.

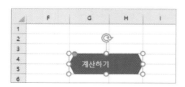

③ '육각형(⬡)'의 도형에서 마우스 오른쪽 버튼을 누르고 [매크로 지정]을 클릭한다.

④ [매크로 지정]의 '매크로 이름'에 계산하기를 입력하고 [기록]을 클릭한다.

⑤ [매크로 기록]에 자동으로 '계산하기'로 매크로 이름이 표시되면 [확인]을 클릭한다.

⑥ [E5] 셀에 =D5-C5를 입력하고 [E16] 셀까지 수식을 복사한다.

A	B	C	D	E	F
		재활용폐기물 수집 반입량			
				(단위 : 톤)	
		2024	2025	차이	
	1월	735.4	805.4	=D5-C5	
	2월	661.7	765.8		
	3월	812.8	762.4		
	4월	911.5	711.9		
	5월	886.8	822.2		
	6월	826.1	802.5		
	7월	920.8	801.0		
	8월	802.6	804.6		
	9월	889.3	895.0		
	10월	1,018.5	905.1		
	11월	908.9	805.2		
	12월	916.3	928.6		

⑦ 임의의 셀을 클릭한 후 매크로 기록을 종료하기 위해 [개발 도구]-[코드] 그룹의 [기록 중지](⬜)를 클릭한다.
⑧ [삽입]-[일러스트레이션] 그룹에서 [도형]-[기본 도형]의 '사각형: 빗면'(◰)을 클릭한다.
⑨ 마우스 포인트가 '+'로 바뀌면 [G7:H8] 영역에 드래그한 후 **서식지정**을 입력한다.

⑩ '사각형: 빗면'(□) 도형에서 마우스 오른쪽 버튼을 누르고 [매크로 지정]을 클릭한다.

⑪ [매크로 지정]에 **서식지정**을 입력하고 [기록]을 클릭한다.

⑫ [매크로 기록]에 자동으로 '서식지정'으로 매크로 이름이 표시되면 [확인]을 클릭한다.

⑬ [E5:E16] 영역을 범위 지정한 후 Ctrl+1을 눌러 [표시 형식] 탭에서 '숫자', 소수 자릿수 '1', 음수 빨강색 −1,234.0을 선택하고 [확인]을 클릭한다.

⑭ 임의의 셀을 클릭한 후 매크로 기록을 종료하기 위해 [개발 도구]–[코드] 그룹의 [기록 중지](□)를 클릭한다.

02 차트

정답

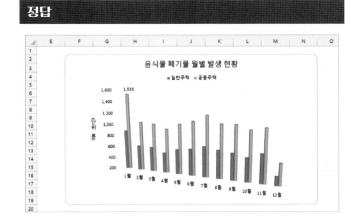

① 차트에서 마우스 오른쪽 버튼을 누르고 [차트 종류 변경]을 클릭한 후 '세로 막대형'의 '3차원 묶은 세로 막대형'을 선택하고 [확인]을 클릭한다.

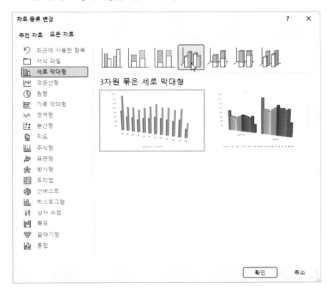

② '일반주택' 계열을 선택한 후 마우스 오른쪽 버튼을 누르고 [데이터 계열 서식]을 클릭한다.

③ '계열 옵션'에서 '원통형'을 선택하고 같은 방법으로 '공동주택'도 '원통형'으로 세로 막대 모양을 변경한다.

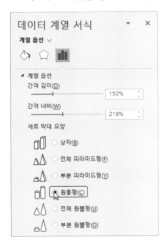

④ [차트 요소](⊞)−[차트 제목]을 클릭한 후 수식 입력줄에 =를 입력하고 [B2] 셀을 클릭한다.

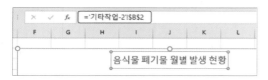

⑤ [차트 요소](⊞)−[범례]−[위쪽]을 선택한다.

⑥ '공동주택' 계열의 1월 요소를 천천히 2번 클릭한 후 [차트 요소](⊞)−[데이터 레이블]을 체크한다.

⑦ 세로 값(축)을 선택한 후 [축 서식]의 '축 옵션'에서 최소값 200, 최대값 1600을 입력한다.

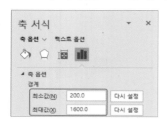

⑧ [차트 요소](⊞)−[축 제목]−[기본 세로]를 선택하고 **(단위 : 톤)**을 입력한다.

⑨ 세로(값) 축 제목에서 마우스 오른쪽 버튼을 누르고 [축 서식]을 클릭하여 텍스트 방향을 '세로'를 선택한다.

⑩ 차트 영역을 선택한 후 [서식] 탭의 '도형 스타일'에서 '색 윤곽선 − 녹색, 강조 6'을 선택한다.

⑪ 차트 영역을 선택한 후 [차트 영역 서식]의 [채우기 및 선] 에서 '테두리'의 '둥근 모서리'를 체크한다.

실전 모의고사

실전 모의고사 01회

프로그램명	소요시간	합격 점수
EXCEL 2021	40분	70점

수험번호 :

성   명 :

·········· **유의사항** ··········

■ 인적 사항 누락 및 잘못 작성으로 인한 불이익은 수험자 책임으로 합니다.

■ 화면에 암호 입력창이 나타나면 아래의 암호를 입력하여야 합니다.
  ○ 암호: 6845%3

■ 작성된 답안은 주어진 경로 및 파일명을 변경하지 마시고 그대로 저장해야 합니다. 이를 준수하지 않으면 실격 처리됩니다.
  ○ 답안 파일명의 예: C:₩OA₩수험번호8자리.xlsm

■ 외부데이터 위치: C:₩OA₩파일명

■ 별도의 지시사항이 없는 경우, 다음과 같이 처리 시 실격 처리됩니다.
  ○ 제시된 시트 및 개체의 순서나 이름을 임의로 변경한 경우
  ○ 제시된 시트 및 개체를 임의로 추가 또는 삭제한 경우
  ○ 외부데이터를 시험 시작 전에 열어본 경우

■ 답안은 반드시 문제에서 지시 또는 요구한 셀에 입력하여야 하며 다음과 같이 처리 시 채점 대상에서 제외됩니다.
  ○ 제시된 함수가 있을 경우 제시된 함수만을 사용하여야 하며 그 외 함수사용시 채점대상에서 제외
  ○ 수험자가 임의로 지시하지 않은 셀의 이동, 수정, 삭제, 변경 등으로 인해 셀의 위치 및 내용이 변경된 경우 해당 작업에 영향을 미치는 관련문제 모두 채점 대상에서 제외
  ○ 도형 및 차트의 개체가 중첩되어 있거나 동일한 계산결과 시트가 복수로 존재할 경우 해당 개체나 시트는 채점 대상에서 제외

■ 수식 작성 시 제시된 문제 파일의 데이터는 변경 가능한(가변적) 데이터임을 감안하여 문제 풀이를 하시오.

■ 별도의 지시사항이 없는 경우, 주어진 각 시트 및 개체의 설정값 또는 기본 설정값 (Default)으로 처리하시오.

■ 저장 시간은 별도로 주어지지 않으므로 제한된 시간 내에 저장을 완료해야 하며, 제한 시간 내에 저장이 되지 않은 경우에는 실격 처리됩니다.

■ 출제된 문제의 용어는 MS Office LTSC Professional Plus 2021 기준으로 작성되어 있습니다.

대 한 상 공 회 의 소

01 '기본작업-1' 시트에 다음의 자료를 주어진 대로 입력하시오. (5점)

	A	B	C	D	E	F	G
1	제품별 매입 대장						
2							
3	제품코드	제품명	매입처	전화번호	매입단가	매입수량	
4	PA-500	A4용지 500매	종이물산	222-9999	21500	20	
5	LA-234	주소용 라벨지	라벨나라	424-9878	18500	15	
6	TA-287	3M테이프	한가람문고	525-8741	2900	54	
7	BID-587	3공링바인더	드림디포	790-7970	2800	39	
8	INK-001	잉크(흑색)	대한문고	2234-9087	2100	21	
9	WH-301	화이트보드#23	우주서적	325-7788	15600	50	
10	ST-701	접착제$45	상공접착제	7865-0099	5600	55	
11	TH-1120	스템프*200	가요물산	5437-8890	2130	12	
12	TH-R332	인주(적색)	과학나라	031-234-6645	1750	55	
13	EV-L2201	봉투(대형)	한국제일봉투	043-6675-5463	23400	10	
14							

02 '기본작업-2' 시트에 대하여 다음의 지시사항을 처리하시오. (각 2점)

① [B1:H1] 영역은 '병합하고 가운데 맞춤', 글꼴 '새굴림', 크기 '18'로 지정하시오.

② [B12:C12], [B13:C13] 영역은 '병합하고 가운데 맞춤'으로 [B3:H3] 영역은 채우기 색을 '표준 색 – 주황'과 '가로 가운데 맞춤'을 지정하시오.

③ [D4:G13] 영역은 표시 형식을 '쉼표 스타일'을 [H4:H13] 영역은 사용자 지정 서식을 이용하여 숫자 뒤에 "원"을 표시하되, 셀 값이 0일 경우에는 "0원"으로 표시하시오. [표시 예 : 1000 → 1,000원]

④ [H11] 셀에 "최저 판매 영업소"라는 메모를 삽입한 후 '자동 크기'로 지정하고, 항상 표시되도록 하시오.

⑤ [B3:H13] 영역은 '모든 테두리'(⊞)와 '굵은 바깥쪽 테두리'(⊡), [G13], [H12] 셀은 대각선(×)으로 적용하여 표시하시오.

03 '기본작업-3' 시트에 대하여 다음의 지시사항을 처리하시오. (5점)

▶ [A4:I15] 영역에 대해 성별이 '여'이면서 총점이 70 이상인 행 전체의 글꼴 색을 '표준 색 – 파랑'을 지정하는 조건부 서식을 작성하시오.

▶ AND 함수 사용

▶ 단, 규칙 유형은 '수식을 사용하여 서식을 지정할 셀 결정'을 사용하고, 한 개의 규칙으로만 작성하시오.

01 [표1]에서 모델명[B3:B11]을 이용하여 색상[D3:D11]을 표시하시오. (8점)

▶ 모델명의 오른쪽 두 문자가 "BR"이면 "갈색", "BL"이면 "검정색", "WH"이면 "흰색"으로 표시
▶ IF와 RIGHT 함수 사용

02 [표2]에서 영어, 전산 [H3:I11] 모두 70점 이상인 인원수를 [K4] 셀에 표시하시오. (8점)

▶ 숫자 뒤에 "명"을 표시 [표시 예 : 2명]
▶ SUMIFS, COUNTIFS, AVERAGEIFS 중 알맞은 함수와 & 연산자 사용

03 [표3]에서 합계[D15:D23]가 가장 높은 3명은 "1등", "2등", "3등" 순으로 그 외에는 공백을 등수[E15:E23]에 표시하시오. (8점)

▶ IF와 RANK.EQ 함수 사용

04 [표4]에서 상품코드[G15:G23]와 상품명[H15:H23], 상품단가표[L15:M17]을 이용하여 판매금액[J15:J23]을 계산하시오. (8점)

▶ 상품번호는 상품코드의 왼쪽의 3글자, '-'와 상품명의 마지막 1글자를 조합하여 작성
▶ VLOOKUP, LEFT, RIGHT 함수와 & 연산자 사용
▶ 판매금액 = 판매량 × 단가

05 [표5]에서 소속지점[B27:B34]이 "서울"이면서 컴퓨터[D27:D34]가 100 이상인 컴퓨터[D27:D34] 평균을 [H29] 셀에 계산하시오. (8점)

▶ 조건은 [F28:G29] 영역에 입력
▶ DSUM, DCOUNT, DAVERAGE 중 알맞은 함수를 선택하여 사용

01 '분석작업-1' 시트에 대하여 다음의 지시사항을 처리하시오. (10점)

'제품별 판매 현황' 표에서 원가비율[B15]이 다음과 같이 변동하는 경우 순이익합계[G13]의 변동 시나리오를 작성하시오.
▶ 셀 이름 정의 : [B15] 셀은 '원가비율', [G13] 셀은 '순이익합계'로 정의하시오.
▶ 시나리오1 : 시나리오 이름은 '원가비율증가', 원가비율을 30%로 설정하시오.
▶ 시나리오2 : 시나리오 이름은 '원가비율인하', 원가비율을 20%로 설정하시오.
▶ 위 시나리오에 의한 '시나리오 요약' 보고서는 '분석작업-1' 시트 바로 앞에 위치시키시오.
※ 시나리오 요약 보고서 작성 시 정답과 일치하여야 하며, 오자로 인한 부분점수는 인정하지 않음

02 '분석작업-2' 시트에 대하여 다음의 지시사항을 처리하시오. (10점)

'대출자금 월상환금액' 표는 대출금[C3], 대출기간[C5], 연이율[C4]을 이용하여 월상환액[C6]을 계산한 것이다. '데이터 표' 기능을 이용하여 대출기간, 연이율의 변동에 따른 월납입액의 변화를 [D11:J16] 영역에 계산하시오.

문제4 **기타작업(20점)** **주어진 시트에서 다음 과정을 수행하고 저장하시오.**

01 '매크로작업' 시트에서 다음과 같은 기능을 수행하는 매크로를 현재 통합 문서에 작성하고 실행하시오. (각 5점)

① [C11:F11] 영역에 평균을 계산하는 매크로를 생성하여 실행하시오.
▶ 매크로 이름 : 평균
▶ AVERAGE 함수 사용
▶ [도형] → [기본 도형]의 '배지'(⬡)를 동일 시트의 [H3:I4] 영역에 생성한 후 텍스트를 "평균"으로 입력하고, 도형을 클릭할 때 '평균' 매크로가 실행되도록 설정하시오.
② [C4:F10] 영역에 셀 스타일의 '쉼표 [0]'을 지정하는 매크로를 생성하여 실행하시오.
▶ 매크로 이름 : 서식
▶ [개발 도구] → [삽입] → [양식 컨트롤]의 '단추'(▢)를 동일 시트의 [H6:I7] 영역에 생성한 후 텍스트를 "서식"으로 입력하고, 도형을 클릭할 때 '서식' 매크로가 실행되도록 설정하시오.
※ 셀 포인터의 위치에 상관없이 현재 통합 문서에서 매크로가 실행되어야 정답으로 인정됨

02 '차트작업' 시트에서 다음 지시사항에 따라 〈그림〉과 같이 차트를 수정하시오. (각 2점)

※ 차트는 반드시 문제에서 제공한 차트를 사용하여야 하며, 신규로 작성 시 0점 처리됨
① 성명별로 '신장'과 '체중' 계열만 차트에 표시되도록 데이터 범위를 지정하시오.
② 차트 종류를 '묶은 가로 막대형'으로 변경하시오.
③ 차트 제목을 〈그림〉과 같이 입력한 후 글꼴 '굴림', 크기를 '20'으로 지정하고, 세로 축 제목을 〈그림〉과 같이 입력하시오.
④ 가로 축의 최소값과 기본 단위를 〈그림〉과 같이 지정하시오.
⑤ 차트 영역의 테두리 스타일은 '둥근 모서리', '오프셋 : 오른쪽 아래' 그림자를 지정하시오.

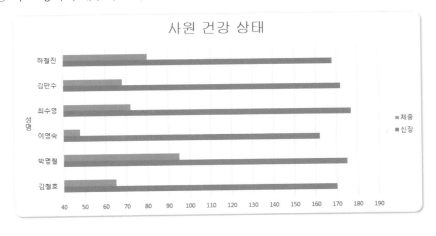

정답 & 해설   실전 모의고사 01회

문제1   기본작업

01 자료 입력

정답

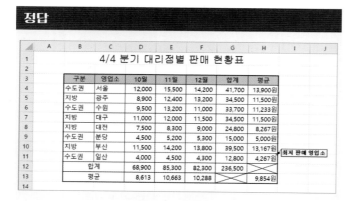

	A	B	C	D	E	F	G
1	제품별 매입 대장						
2							
3	제품코드	제품명	매입처	전화번호	매입단가	매입수량	
4	PA-500	A4용지 500매	종이물산	222-9999	21500	20	
5	LA-234	주소용 라벨지	라벨나라	424-9878	18500	15	
6	TA-287	3M테이프	한가람문고	525-8741	2900	54	
7	BID-587	3공링바인더	드림디포	790-7970	2800	39	
8	INK-001	잉크(흑색)	대한문고	2234-9087	2100	21	
9	WH-301	화이트보드#23	우주서적	325-7788	15600	50	
10	ST-701	접착제$45	상공접착제	7865-0099	5600	55	
11	TH-1120	스템프*200	가요물산	5437-8890	2130	12	
12	TH-R332	인주(적색)	과학나라	031-234-6645	1750	55	
13	EV-L2201	봉투(대형)	한국제일봉투	043-6675-5463	23400	10	
14							

[A3:F13] 셀까지 문제를 보고 오타 없이 작성한다.

02 서식 지정

정답

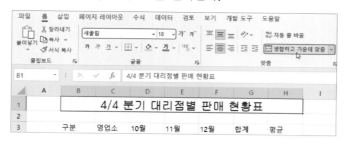

	A	B	C	D	E	F	G	H	I
1		4/4 분기 대리점별 판매 현황표							
2									
3		구분	영업소	10월	11월	12월	합계	평균	
4		수도권	서울	12,000	15,500	14,200	41,700	13,900원	
5		지방	광주	8,900	12,400	13,200	34,500	11,500원	
6		수도권	수원	9,500	13,200	11,000	33,700	11,233원	
7		지방	대구	11,000	12,000	11,500	34,500	11,500원	
8		지방	대전	7,500	8,300	9,000	24,800	8,267원	
9		수도권	분당	4,500	5,200	5,300	15,000	5,000원	
10		지방	부산	11,500	14,200	13,800	39,500	13,167원	
11		수도권	일산	4,000	4,500	4,300	12,800	4,267원	최저 판매 영업소
12		합계		68,900	85,300	82,300	236,500		
13		평균		8,613	10,663	10,288		9,854원	
14									

① [B1:H1] 영역을 범위 지정한 후 [홈]-[맞춤] 그룹에서 [병합하고 가운데 맞춤](🔲)을 클릭하고, [글꼴] 그룹에서 글꼴 '새굴림', 크기 '18'을 선택한다.

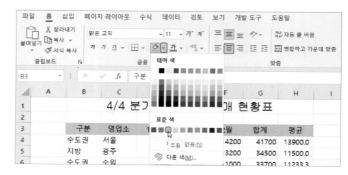

② [B12:C12], [B13:C13] 영역을 범위 지정한 후 [홈]-[맞춤] 그룹에서 [병합하고 가운데 맞춤](🔲)을 클릭한다.

③ [B3:H3] 영역을 범위 지정한 후 [홈]-[글꼴] 그룹에서 [채우기 색](◇-) 도구를 클릭하고 '표준 색 - 주황'을 선택하고, [홈]-[맞춤] 그룹에서 [가운데 맞춤](☰)을 클릭한다.

④ [D4:G13] 영역을 범위 지정한 후 [홈]-[표시 형식] 그룹에서 [쉼표 스타일](❯)을 클릭한다.

⑤ [H4:H13] 영역을 범위 지정한 후 마우스 오른쪽 버튼을 눌러 [셀 서식]을 클릭한 후 [표시 형식] 탭에서 '사용자 지정'을 선택하고 #,##0원을 입력하고 [확인]을 클릭한다.

⑥ [H11] 셀에서 마우스 오른쪽 버튼을 눌러 [메모 삽입]을 클릭하여 기존 사용자 이름을 지우고 **최저 판매 영업소**를 입력한다.

⑦ 메모 상자 경계라인에서 마우스 오른쪽 버튼을 눌러 [메모 서식]을 클릭하여 [맞춤] 탭에서 '자동 크기'를 체크하고 [확인]을 클릭한다.

⑧ [H11] 셀에서 마우스 오른쪽 버튼을 눌러 [메모 표시/숨기기]를 클릭한다.
⑨ [B3:H13] 영역을 범위 지정한 후 [홈]-[글꼴] 그룹에서 [테두리](⊞▾) 도구의 [모든 테두리](⊞)를 클릭한 후 [굵은 바깥쪽 테두리](▢)을 클릭한다.
⑩ [G13], [H12] 셀을 선택한 후 마우스 오른쪽 버튼을 눌러 [셀 서식]을 클릭한 후 [테두리] 탭에서 대각선(◺, ◹)을 각각 클릭한 후 [확인]을 클릭한다.

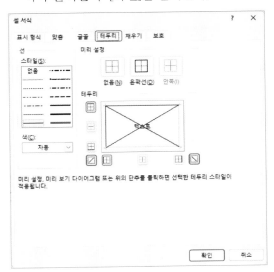

03 조건부 서식

정답

	A	B	C	D	E	F	G	H	I	J
1				연수 점수 현황						
2										
3	수준	성명	성별	근무년수	결석	경력	필기	실기	총점	
4	중급반	임미령	여	18	1	8	38	23	78	
5	고급반	김호남	남	5	0	3	40	40	93	
6	중급반	박수정	여	3	5	2	35	34	76	
7	고급반	왕두형	남	11	3	6	30	40	83	
8	기초반	강의수	남	24	0	9	39	36	94	
9	고급반	유민한	남	34	1	10	33	40	92	
10	기초반	강수인	여	7	5	6	18	15	44	
11	고급반	박한이	남	6	3	5	30	28	70	
12	기초반	우연이	여	10	9	7	29	40	77	
13	중급반	한동수	남	12	0	7	40	39	96	
14	기초반	이지연	여	14	0	7	28	38	83	
15	중급반	하나영	여	5	2	4	16	24	52	
16										

① [A4:I15] 영역을 범위 지정한 후 [홈]-[스타일] 그룹의 [조건부 서식]-[새 규칙]을 클릭한다.
② [새 서식 규칙]에서 '▶ 수식을 사용하여 서식을 지정할 셀 결정'을 선택하고, =AND($C4="여", $I4>=70)를 입력한 후 [서식]을 클릭한다.

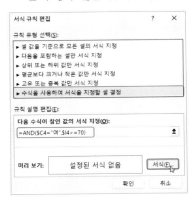

③ [글꼴] 탭에서 색은 '표준 색 – 파랑'을 선택하고 [확인]을 클릭한다.
④ [새 서식 규칙]에서 [확인]을 클릭한다.

01 색상[D3:D11]

정답

	A	B	C	D	E
1	[표1]	중고차 시세표			
2	년수	모델명	가격(만원)	색상	
3	H9	H0301BL	358	검정색	
4	H10	K0202WH	473	흰색	
5	H9	B9803WH	475	흰색	
6	H3	H9904BL	479	검정색	
7	H7	K0305BR	580	갈색	
8	H8	G0106BR	555	갈색	
9	H5	P0404BL	450	검정색	
10	H6	K0909WH	380	흰색	
11	H8	G0505BL	290	검정색	
12					

[D3] 셀에 =IF(RIGHT(B3,2)="BR","갈색",IF(RIGHT (B3,2)="BL","검정색",IF(RIGHT(B3,2)="WH","흰색"))) 를 입력하고 [D11] 셀까지 수식을 복사한다.

기적의 TIP

=IF(RIGHT(B3,2)="BR","갈색",IF(RIGHT(B3,2)="BL","검정색","흰색"))로 작성해도 된다.

02 인원수[K4]

정답

	F	G	H	I	J	K	L
1	[표2]	직원 승진시험 현황					
2	성명	소속	영어	전산			
3	김진국	경리부	87	65			
4	박동희	관리부	64	70		인원수	
5	서영수	영업부	72	60		3명	
6	강남영	경리부	70	66			
7	명운수	경리부	86	83			
8	이성철	관리부	72	78			
9	김소연	경리부	70	88			
10	최고수	경리부	68	60			
11	구민정	영업부	87	67			
12							

[K4] 셀에 =COUNTIFS(H3:H11,">=70",I3:I11,">=70")& "명"를 입력한다.

함수 설명

[H3:H11] 영역에서 70점 이상이고, [I3:I11] 영역에서 70점 이상인 개수를 구하여 '명'을 붙여서 표시

03 등수[E15:E23]

정답

	A	B	C	D	E	F
13	[표3]	중간평가 현황				
14	성명	영어	수학	합계	등수	
15	김수정	73	80	153		
16	박정호	90	90	180	3등	
17	최아름	68	64	132		
18	박진수	82	78	160		
19	이영호	91	92	183	2등	
20	권민수	83	79	162		
21	이강호	78	70	148		
22	박동희	94	94	188	1등	
23	서영수	88	85	173		
24						

[E15] 셀에 =IF(RANK.EQ(D15,$D$15:$D$23)=1,"1 등",IF(RANK.EQ(D15,$D$15:$D$23)=2,"2 등",IF(RANK.EQ(D15,$D$15:$D$23)=3,"3등","")))를 입 력하고 [E23] 셀까지 수식을 복사한다.

함수 설명

❶ RANK.EQ(D15,$D$15:$D$23) : [D15] 셀 값이 [D15:D23] 영역 에서 순위를 구함

=IF(❶=1,"1등",IF(❶=2,"2등",IF(❶=3,"3등",""))) : ❶의 값이 1이면 '1등', ❶의 값이 2이면 '2등', ❶의 값이 3이면 '3등', 그 외는 공백으로 표시

04 판매금액[J15:J23]

정답

	G	H	I	J	K	L	M	N
13	[표4]	하반기 프린터 판매 현황		(단위:천원)		상품 단가표		
14	상품코드	상품명	판매량	판매금액		상품번호	단가	
15	INK-1200	잉크젯A	1,220	183,000		INK-A	150	
16	PRL-100	레이저B	650	520,000		PRL-B	800	
17	INK-2000	잉크젯A	552	82,800		PRC-C	2,500	
18	PRL-100	레이저B	321	256,800				
19	PRC-300	레이저C	172	430,000				
20	INK-3000	잉크젯A	350	52,500				
21	PRL-200	레이저B	290	232,000				
22	PRC-400	레이저C	310	775,000				
23	PRL-300	레이저B	710	568,000				
24								

[J15] 셀에 =VLOOKUP(LEFT(G15,3)&"-"&RIGHT(H15,1),$L$15:$M$17,2,0)*I15를 입력하고 [J23] 셀까지 수식을 복사한다.

(함수 설명)

❶ LEFT(G15,3) : 상품코드[G15]의 왼쪽에서부터 시작하여 3글자를 추출
❷ RIGHT(H15,1) : 상품명[H15]의 오른쪽에서부터 시작하여 1글자를 추출

=VLOOKUP(❶&"-"&❷,$L$15:$M$17,2,0) : ❶&"-"&❷의 값을 [L15:M17] 영역의 첫 번째 열에서 찾아 2번째 열에서 정확하게 일치하는 값을 찾아옴

05 컴퓨터 평균판매수[H29]

정답

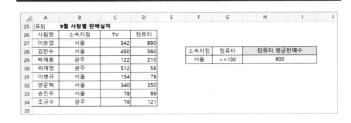

	A	B	C	D	E	F	G	H	I	J
25	[표5]	9월 사원별 판매실적								
26	사원명	소속지점	TV	컴퓨터						
27	이승엽	서울	342	890						
28	김한수	서울	450	560		소속지점	컴퓨터	컴퓨터 평균판매수		
29	박재홍	광주	122	210		서울	>=100	600		
30	위재영	광주	512	56						
31	이병규	서울	154	78						
32	양준혁	서울	340	350						
33	송진우	서울	78	89						
34	조규수	광주	76	121						
35										

① [F28:G29] 영역에 다음과 같이 **조건**을 입력한다.

	E	F	G
27			
28		소속지점	컴퓨터
29		서울	>=100
30			

② [H29] 셀에 =DAVERAGE(A26:D34,D26,F28:G29)를 입력한다.

(함수 설명)

[A26:D36] 영역에서 [F28:G29] 영역의 조건에 만족한 데이터의 [D]열의 컴퓨터 평균을 구함

01 시나리오

정답

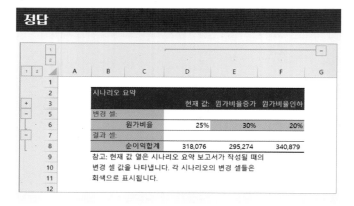

① [B15] 셀을 클릭하고 '이름 상자'에 **원가비율**을 입력하고 Enter를 누른다.

② [G13] 셀을 클릭하고 '이름 상자'에 **순이익합계**를 입력하고 Enter를 누른다.

③ [B15] 셀을 선택한 후 [데이터]–[예측] 그룹의 [가상 분석]–[시나리오 관리자]를 클릭한다.

④ [시나리오 관리자]에서 [추가]를 클릭한다.

⑤ [시나리오 추가]에서 '시나리오 이름'은 **원가비율증가**를 입력하고, '변경 셀'은 [B15] 셀을 지정한 후 [확인]을 클릭한다.

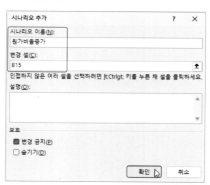

⑥ [시나리오 값]에서 '원가비율'에 **30%**를 입력한 후 [추가]를 클릭한다.

⑦ [시나리오 추가]에서 '시나리오 이름'은 **원가비율인하**를 입력하고, '변경 셀'은 [B15] 셀을 지정한 후 [확인]을 클릭한다.

⑧ [시나리오 값]에서 '원가비율'에 **20%**를 입력한 후 [확인]을 클릭한다.

⑨ [시나리오 관리자]에서 [요약]을 클릭하고, [시나리오 요약]에서 '결과 셀'에 [G13] 셀로 지정하고 [확인]을 클릭한다.

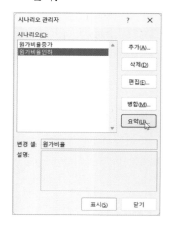

02 데이터 표

정답

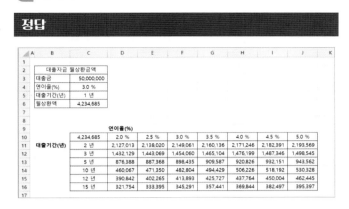

① [C10] 셀에 **=**을 입력하고 [C6] 셀을 클릭한 후 Enter 를 눌러 [C6] 셀과 연결한다.

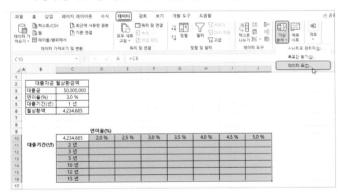

② [C10:J16] 영역을 범위 지정한 후 [데이터]-[예측] 그룹의 [가상 분석]-[데이터 표]를 클릭한다.

③ [데이터 테이블]에서 '행 입력 셀'은 [C4], '열 입력 셀'은 [C5]를 지정한 후 [확인]을 클릭한다.

01 매크로

정답

① [개발 도구]-[코드] 그룹의 [매크로 기록](📷)을 클릭한다.
② [매크로 기록]에서 '매크로 이름'은 **평균**을 입력하고 [확인]을 클릭한다.

③ [C11] 셀에 **=AVERAGE(C4:C10)**을 입력하고 채우기 핸들을 이용하여 [F11] 셀까지 수식을 복사한다.

④ [개발 도구]-[코드] 그룹의 [기록 중지](□)를 클릭한다.
⑤ [삽입]-[일러스트레이션] 그룹의 [도형]-[기본 도형]의 '배지'(◻)를 클릭하여 [H3:I4] 영역에 **Alt**를 누른 채 드래그하여 그린다.

⑥ '배지'(◻) 도형에 **평균**을 입력한 후, '평균' 도형의 경계라인에서 마우스 오른쪽 버튼을 눌러 [매크로 지정]을 클릭한다.

⑦ [매크로 지정]에서 '평균'을 선택하고 [확인]을 클릭한다.
⑧ [개발 도구]-[코드] 그룹의 [매크로 기록](📷)을 클릭한다.
⑨ [매크로 기록]에서 '매크로 이름'은 **서식**을 입력하고 [확인]을 클릭한다.
⑩ [C4:F10] 영역을 범위 지정한 후 [홈]-[스타일] 그룹에서 [셀 스타일]의 '쉼표 [0]'을 선택한다.

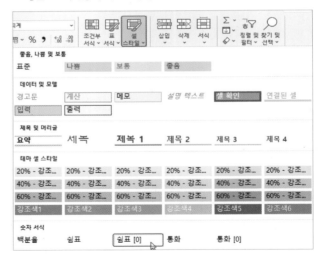

⑪ [개발 도구]-[코드] 그룹의 [기록 중지](□) 도구를 클릭한다.
⑫ [개발 도구]-[컨트롤] 그룹의 [삽입]-[양식 컨트롤]에서 '단추(□)'를 클릭하여 [H6:I7] 영역에 **Alt**를 누른 채 드래그하여 그린다.
⑬ [매크로 지정]에서 '서식'을 선택하고 [확인]을 클릭한다.
⑭ 단추에 **서식**을 입력한다.

정답

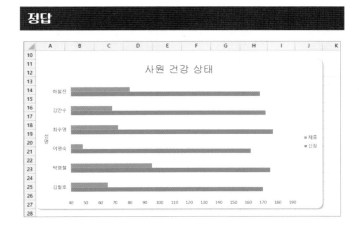

① 차트에서 마우스 오른쪽 버튼을 눌러 [데이터 선택]을 클릭한다.
② '가슴둘레' 계열을 선택한 후 [제거]를 클릭한 후 '가로 항목(축) 레이블'의 [편집]을 클릭한다.

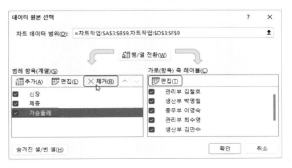

③ [축 레이블]에서 [B4:B9] 영역을 선택하고 [확인]을 클릭하고 [데이터 원본 선택]에서 [확인]을 클릭한다.

④ 차트에서 마우스 오른쪽 버튼을 누르고 [차트 종류 변경]을 클릭한다.
⑤ [차트 종류 변경]에서 '가로 막대형'의 '묶은 가로 막대형'을 선택하고 [확인]을 클릭한다.

⑥ 차트를 선택한 후 [차트 요소](田)에서 '차트 제목'을 체크한 후 **사원 건강 상태**를 입력한다.

⑦ 차트 제목을 선택한 후 [홈]-[글꼴] 그룹에서 글꼴 '굴림', 크기 '20'으로 선택한다.
⑧ 차트를 선택한 후 [차트 요소](田)에서 [축 제목]-[기본 세로]를 체크한 후 **성명**을 입력한다.

⑨ 축 제목 '성명'을 선택한 후 마우스 오른쪽 버튼을 눌러 [축 제목 서식]을 클릭한 후 [축 제목 서식]-[제목 옵션]-[크기 및 속성]의 '맞춤'에서 '텍스트 방향'을 '세로'를 선택한다.
⑩ 가로 값(축)을 선택한 후 [축 서식]의 [축 옵션]에서 '최소값'은 40, 단위 '기본'은 10을 입력한다.

⑪ 차트 영역을 선택한 후 [차트 영역 서식]-[차트 옵션]-[채우기 및 선]에서 '테두리'의 '둥근 모서리'를 체크한다.
⑫ 차트 영역을 선택한 후 [차트 영역 서식]-[차트 옵션]-[효과]에서 '그림자'의 '미리 설정'을 클릭하여 '오프셋 : 오른쪽 아래'를 선택한다.

실전 모의고사 02회

프로그램명	소요시간	합격 점수
EXCEL 2021	40분	70점

수험번호 :

성   명 :

.... **유의사항** ....

- 인적 사항 누락 및 잘못 작성으로 인한 불이익은 수험자 책임으로 합니다.

- 화면에 암호 입력창이 나타나면 아래의 암호를 입력하여야 합니다.
  ○ 암호: 6845%3

- 작성된 답안은 주어진 경로 및 파일명을 변경하지 마시고 그대로 저장해야 합니다. 이를 준수하지 않으면 실격 처리됩니다.
  ○ 답안 파일명의 예: C:₩OA₩수험번호8자리.xlsm

- 외부데이터 위치: C:₩OA₩파일명

- 별도의 지시사항이 없는 경우, 다음과 같이 처리 시 실격 처리됩니다.
  ○ 제시된 시트 및 개체의 순서나 이름을 임의로 변경한 경우
  ○ 제시된 시트 및 개체를 임의로 추가 또는 삭제한 경우
  ○ 외부데이터를 시험 시작 전에 열어본 경우

- 답안은 반드시 문제에서 지시 또는 요구한 셀에 입력하여야 하며 다음과 같이 처리 시 채점 대상에서 제외됩니다.
  ○ 제시된 함수가 있을 경우 제시된 함수만을 사용하여야 하며 그 외 함수사용시 채점대상에서 제외
  ○ 수험자가 임의로 지시하지 않은 셀의 이동, 수정, 삭제, 변경 등으로 인해 셀의 위치 및 내용이 변경된 경우 해당 작업에 영향을 미치는 관련문제 모두 채점 대상에서 제외
  ○ 도형 및 차트의 개체가 중첩되어 있거나 동일한 계산결과 시트가 복수로 존재할 경우 해당 개체나 시트는 채점 대상에서 제외

- 수식 작성 시 제시된 문제 파일의 데이터는 변경 가능한(가변적) 데이터임을 감안하여 문제 풀이를 하시오.

- 별도의 지시사항이 없는 경우, 주어진 각 시트 및 개체의 설정값 또는 기본 설정값 (Default)으로 처리하시오.

- 저장 시간은 별도로 주어지지 않으므로 제한된 시간 내에 저장을 완료해야 하며, 제한 시간 내에 저장이 되지 않은 경우에는 실격 처리됩니다.

- 출제된 문제의 용어는 MS Office LTSC Professional Plus 2021 기준으로 작성되어 있습니다.

대 한 상 공 회 의 소

01 '기본작업-1' 시트에 다음의 자료를 주어진 대로 입력하시오. (5점)

	A	B	C	D	E	F	G	H
1	대학생 인턴사원 접수안내							
2								
3	분류번호	회사명	접수기간	전공제한	월급여	연락처	담당자	
4	MK-230	모토로라코리아	2025-09-21	산업디자인	1,550,000	3452-9874	강성규	
5	NS-123	넥슨SD	2025-09-23	시각디자인	1,690,000	2589-9743	박철호	
6	KK-078	퀄컴	2025-09-25	전기전자	1,480,000	4597-8254	장선애	
7	YK-345	야후코리아	2025-10-01	컴퓨터공학	1,680,000	3648-6482	최상구	
8	NH-782	NHN	수시채용	제한없음	1,720,000	7892-4682	이상민	
9	GK-483	구글코리아	2025-10-12	컴퓨터과학	1,650,000	3654-4562	유재영	
10	NW-654	네오위즈	12월 이후 예정	멀티미디어학부	1,520,000	1258-3654	조철만	
11								

02 '기본작업-2' 시트에 대하여 다음의 지시사항을 처리하시오. (각 2점)

① [A1:G1] 영역은 '병합하고 가운데 맞춤', 글꼴 '궁서체', 크기 '17', 글꼴 스타일 '굵게', 밑줄 '밑줄'로 지정하시오.
② [B3:C3], [D3:E3], [F3:G3] 영역은 '병합하고 가운데 맞춤', 글꼴 '굴림체', 크기 '12', 글꼴 색 '표준 색 - 파랑', 배경색 '표준 색 - 노랑'으로 지정하시오.
③ [B5:G10] 영역은 사용자 지정 셀 서식을 이용하여 숫자 뒤에 '명'이 추가되어 표시되도록 지정하시오. [표시 예 : 54.3 → 54.3명]
④ [B10] 셀에 '초등학교 교원당 최고학생 수'라는 메모를 삽입한 후 메모를 항상 표시하고 메모 서식에서 '자동 크기'를 설정하시오.
⑤ [A3:G10] 영역은 '모든 테두리'(⊞)를 적용하여 표시하시오.

03 '기본작업-3' 시트에 대하여 다음의 지시사항을 처리하시오. (5점)

[A4:I13] 영역에 대해 '총합'이 60 이상이거나 '정원'이 100 이상인 행 전체의 글꼴 색을 '표준 색 - 파랑', 글꼴 스타일을 '굵게'로 지정하는 조건부 서식을 작성하시오.
▶ 규칙 유형은 '수식을 사용하여 서식을 지정할 셀 결정'을 이용하시오.

문제2 계산작업(40점) '계산작업' 시트에서 다음 과정을 수행하고 저장하시오.

01 [표1]에서 접수번호의 왼쪽 첫 번째 숫자가 '1'이면 '인문', '2'이면 '자연', '3'이면 '예체능', '4'이면 '전문'으로 계열[D3:D9]에 표시하시오. (8점)

▶ CHOOSE와 LEFT 함수 사용

02 [표2]에서 논술점수가 '60' 이상이고, 내신점수나 수능점수가 '400' 이상이면 '합격', 그렇지 않으면 공백으로 전형결과 [J3:J9]에 표시하시오. (8점)

▶ IF와 AND와 OR 함수 사용

03 [표3]에서 예금별 수익률[A23:D24]을 참조하여 예금종류에 따른 공제금액[D14:D20]을 구하시오. 단, 예금별 수익률에 존재하지 않는 예금종류이면 공제금액에 '예금종류오류'라고 표시하시오. (8점)

▶ 공제금액 = 예금액 × 수익률
▶ IFERROR와 HLOOKUP 함수 사용

04 [표4]에서 '2'학년에서 평가점수가 '400' 이상인 학생 수를 구하여 [H23] 셀에 표시하시오. (8점)

▶ 학생 수 뒤에 '명'을 포함하여 표시하시오. [표시 예 : 2명]
▶ COUNTIFS, COUNTA, COUNTIF 함수 중 알맞은 함수와 & 연산자 사용

05 [표5]에서 판매금액에 대한 순위를 계산하여 1위~3위까지는 '우수사원', 그렇지 않으면 공백으로 평가[D29:D35]에 표시하시오. (8점)

▶ 순위는 판매금액이 많은 사람이 1위임
▶ IF와 RANK.EQ 함수 사용

01 '분석작업-1' 시트에 대하여 다음의 지시사항을 처리하시오. (10점)

환율[C13]이 다음과 같이 변동하는 경우 이익금 합계[F11]의 변동 시나리오를 작성하시오.
- ▶ [C13] 셀의 이름은 '환율', [F11] 셀의 이름은 '이익금합계'로 정의하시오.
- ▶ 시나리오1 : 시나리오 이름은 '환율인상', 환율을 1200으로 설정하시오.
- ▶ 시나리오2 : 시나리오 이름은 '환율인하', 환율을 1000으로 설정하시오.
- ▶ 위 시나리오에 의한 '시나리오 요약' 보고서는 '분석작업-1' 시트의 바로 뒤에 위치시키시오.

※ 시나리오 요약 보고서 작성시 정답과 일치하여야 하며, 오자로 인한 부분 점수는 인정하지 않음

02 '분석작업-2' 시트에 대하여 다음의 지시사항을 처리하시오. (10점)

[부분합] 기능을 이용하여 '미술/실용아트 강좌'표에 〈그림〉과 같이 과정별로 '모집인원', '수강료' 평균과 최대값을 계산하시오.
- ▶ '과정'에 대한 정렬 기준은 내림차순으로 하시오.
- ▶ 평균과 최대값은 위에 명시된 순서대로 처리하시오.

	A	B	C	D	E	F	G
1	미술/실용아트 강좌						
2							
3	강좌명	과정	요일	시간	모집인원	수강료	
4	수채화 정물	초급	목	9:00	10	75,000	
5	일러스트레이션	초급	목	10:00	30	85,000	
6	유화A	초급	화	12:00	12	75,000	
7	초급 최대				30	85,000	
8	초급 평균				17	78,333	
9	수채화 풍경	중급	수	12:00	12	80,000	
10	뎃생A	중급	화	16:30	25	65,000	
11	홈 일러스트레이션	중급	화	10:00	22	85,000	
12	유화B	중급	금	9:00	10	80,000	
13	중급 최대				25	85,000	
14	중급 평균				17	77,500	
15	회화교실	고급	수	15:00	15	60,000	
16	뎃생B	고급	목	19:00	20	70,000	
17	예쁜글씨POP	고급	금	16:00	15	90,000	
18	고급 최대				20	90,000	
19	고급 평균				17	73,333	
20	전체 최대값				30	90,000	
21	전체 평균				17	76,500	
22							

01 '매크로작업' 시트의 [표]에서 다음과 같은 기능을 수행하는 매크로를 현재 통합 문서에 작성하고 실행하시오. (각 5점)

① [B14:I14] 영역에 대하여 합격자 수의 합계를 자동 계산하는 매크로를 생성하여 실행하시오.
  ▶ 매크로 이름 : 합계
  ▶ [도형]-[사각형]의 '사각형: 둥근 모서리'(□)를 동일 시트의 [L4:M5] 영역에 생성하고, 텍스트를 '합계'로 입력한 후, 도형을 클릭할 때 '합계' 매크로가 실행되도록 설정하시오.

② [J4:J14] 영역에 대하여 비율을 계산한 후 소수 2째 자리까지 나타내는 매크로를 생성하여 실행하시오.
  ▶ 매크로 이름 : 비율
  ▶ 비율 = (총합 / 정원) × 100
  ▶ [도형]-[기본 도형]의 '십자형'(✚)을 동일 시트의 [L7:M8] 영역에 생성하고, 텍스트를 '비율'로 입력한 후, 도형을 클릭할 때 '비율' 매크로가 실행되도록 설정하시오.

※ 셀 포인터의 위치에 상관없이 현재 통합문서에서 매크로가 실행되어야 정답으로 인정됨

02 '차트작업' 시트의 차트를 지시사항에 따라 아래 그림과 같이 수정하시오. (각 2점)

※ 차트는 반드시 문제에서 제공한 차트를 사용하여야 하며, 신규로 작성 시 0점 처리됨

① 차트 종류를 '표식이 있는 꺾은선형'으로 변경하고, '모건스탠리' 계열이 그림과 같이 차트에 표시되도록 설정하시오.
② 차트 제목은 그림과 같이 표시되도록 하고, 글꼴은 '궁서체', 글꼴 스타일은 '굵게', 글꼴 크기는 '12'로 설정하시오.
③ 세로 (값) 축 제목은 그림과 같이 표시되도록 하고, 주 단위를 '2'로 설정하시오.
④ 'UBS' 계열만 데이터 레이블을 '값'으로 표시되도록 설정하시오.
⑤ 차트 영역의 테두리 스타일은 '둥근 모서리'를 설정하시오.

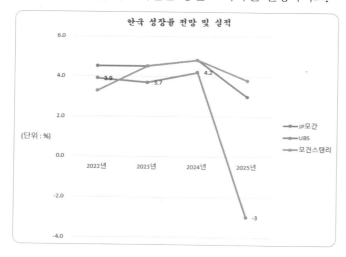

01 자료 입력

정답

	A	B	C	D	E	F	G	H
1	대학생 인턴사원 접수안내							
2								
3	분류번호	회사명	접수기간	전공제한	월급여	연락처	담당자	
4	MK-230	모토로라코리아	2025-09-21	산업디자인	1,550,000	3452-9874	강성규	
5	NS-123	넥슨SD	2025-09-23	시각디자인	1,690,000	2589-9743	박철호	
6	KK-078	퀄컴	2025-09-25	전기전자	1,480,000	4597-8254	장선애	
7	YK-345	야후코리아	2025-10-01	컴퓨터공학	1,680,000	3648-6482	최상구	
8	NH-782	NHN	수시채용	제한없음	1,720,000	7892-4682	이상민	
9	GK-483	구글코리아	2025-10-12	컴퓨터과학	1,650,000	3654-4562	유재영	
10	NW-654	네오위즈	12월 이후 예정	멀티미디어학부	1,520,000	1258-3654	조철만	
11								

[A3:G10] 셀까지 문제를 보고 오타 없이 작성한다.

02 서식 지정

정답

	A	B	C	D	E	F	G	H
1				<u>초중고교 교육여건 개선 현황</u>				
2								
3	구분	초등학교		중학교		일반계고교		
4		학급당 학생수	교원당 학생수	학급당 학생수	교원당 학생수	학급당 학생수	교원당 학생수	
5	2007년	30.2명	22.9명	35명	19.1명	32.2명	14.8명	
6	2005년	31.8명	25.1명	35.4명	19.4명	33.9명	15.9명	
7	1995년	36.4명	28.2명	48.2명	24.8명	48명	22.1명	
8	1985년	44.7명	38.3명	61.7명	41.2명	58명	31.6명	
9	1975년	56.7명	51.8명	64.5명	43.1명	59.8명	31.7명	
10	1965년	65.4명	62.4명	60.7명	39.4명	59.8명	32.2명	
11								

① [A1:G1] 영역을 범위 지정한 후 [홈]–[맞춤] 그룹에서 [병합하고 가운데 맞춤](圓)을 클릭하고, [글꼴] 그룹에서 글꼴 '궁서체', 크기 '17', '굵게', '밑줄'을 선택한다.

② [B3:C3], [D3:E3], [F3:G3] 영역을 Ctrl을 이용하여 범위 지정한 후 [홈]–[맞춤] 그룹에서 [병합하고 가운데 맞춤](圓)을 클릭하고, 글꼴 '굴림체', 크기 '12', 글꼴 색 '표준 색 – 파랑', 배경 색은 '표준 색 – 노랑'으로 선택한다.

③ [B5:G10] 영역을 범위 지정한 후 Ctrl + 1 을 눌러 [표시 형식] 탭에서 '사용자 지정'을 선택하고 **G/표준"명"**을 입력하고 [확인]을 클릭한다.

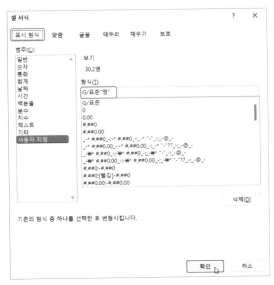

④ [B10] 셀에서 마우스 오른쪽 버튼을 눌러 [메모 삽입]을
   클릭한다.
⑤ 기존 사용자 이름을 지우고 **초등학교 교원당 최고학생 수**
   를 입력한다.
⑥ [B10] 셀에서 마우스 오른쪽 버튼을 눌러 [메모 표시/숨
   기기]를 클릭한다.
⑦ 메모 상자의 경계라인에서 마우스 오른쪽 버튼을 눌러
   [메모 서식]을 클릭한다.
⑧ [맞춤] 탭에서 '자동 크기'를 체크하고 [확인]을 클릭한다.

⑨ [A3:G10] 영역을 범위 지정한 후 [홈]-[글꼴] 그룹에서
   [테두리](⊞▾) 도구의 [모든 테두리](⊞)를 클릭한다.

03 조건부 서식

① [A4:I13] 영역을 범위 지정한 후, [홈]-[스타일] 그룹의
   [조건부 서식]-[새 규칙]을 클릭한다.
② [새 서식 규칙]에서 '▶ 수식을 사용하여 서식을 지정할
   셀 결정'을 선택하고, =OR($I4>=60, $B4>=100)을 입력
   한 후 [서식]을 클릭한다.

③ [글꼴] 탭에서 글꼴 스타일 '굵게', 색은 '표준 색 – 파랑'
   을 선택하고 [확인]을 클릭한다.
④ [새 서식 규칙]에서 [확인]을 클릭한다.

01 계열[D3:D9]

정답

	A	B	C	D	E
1	[표1]				
2	접수번호	성명	출신고	계열	
3	3001	김두호	상공고	예체능	
4	1001	나정해	대한고	인문	
5	4001	조성신	우리고	전문	
6	3002	장경호	우리고	예체능	
7	1002	최신애	대한고	인문	
8	2001	이정구	상공고	자연	
9	4002	남대천	나라고	전문	
10					

[D3] 셀에 =CHOOSE(LEFT(A3,1),"인문","자연","예체능","전문")를 입력하고 [D9] 셀까지 수식을 복사한다.

함수 설명

❶ LEFT(A3,1) : [A3] 셀에서 왼쪽의 한 글자를 추출함

=CHOOSE(❶,"인문","자연","예체능","전문") : ❶의 값이 1이면 '인문', 2이면 '자연', 3이면 '예체능', 4이면 '전문'으로 표시

02 전형결과[J3:J9]

정답

	F	G	H	I	J	K
1	[표2]					
2	수험번호	논술	내신	수능	전형결과	
3	K-001	82	431	412	합격	
4	D-001	78	389	399		
5	D-002	48	399	401		
6	K-002	91	394	407	합격	
7	S-001	87	418	387	합격	
8	S-002	59	379	412		
9	D-003	85	405	405	합격	
10						

[J3] 셀에 =IF(AND(G3>=60,OR(H3>=400,I3>=400)),"합격","")를 [J9] 셀까지 수식을 복사한다.

함수 설명

❶ OR(H3>=400,I3>=400) : [H3] 셀의 값이 400 이상이거나 [I3] 셀의 값이 400 이상이면 TRUE 값을 반환
❷ AND(G3>=60,❶) : [G3] 셀의 값이 60 이상이고, ❶의 값이 TRUE이면 TRUE 값을 반환

=IF(❷,"합격","") : ❷의 값이 TRUE이면 '합격', 그 외는 공백으로 표시

03 공제금액[D14:D20]

정답

	A	B	C	D	E
12	[표3]				
13	고객명	예금종류	예금액	공제금액	
14	강만이	연금저축	3,000,000	561,000	
15	도조아	장미저축	1,500,000	예금종류오류	
16	박주리	연금저축	2,000,000	374,000	
17	이만금	장마저축	3,000,000	225,000	
18	조아라	장기주식형	1,000,000	37,000	
19	최중금	연금저축	2,500,000	467,500	
20	황금이	장기주식형	3,000,000	111,000	
21					
22	예금별 수익률				
23	예금종류	장마저축	연금저축	장기주식형	
24	수익률	7.5%	18.7%	3.7%	
25					

[D14] 셀에 =IFERROR(C14*HLOOKUP(B14,$B$23:$D$24,2,0),"예금종류오류")를 입력하고 [D20] 셀까지 수식을 복사한다.

함수 설명

❶ HLOOKUP(B14,$B$23:$D$24,2,0) : [B14] 셀의 값을 [B23:D24] 영역의 첫 번째 행에서 찾아 2번째 행의 값을 찾아옴

=IFERROR(C14*❶,"예금종류오류") : [C14] 셀에 ❶을 곱한 값에 오류가 있다면 '예금종류오류'로 표시

정답

	F	G	H	I	J
12	[표4]				
13	학과	학년	성명	평가점수	
14	디자인	1	고승수	465	
15	미디어	2	구만리	604	
16	미디어	3	노상식	383	
17	디자인	2	나잘난	465	
18	미디어	1	마고수	382	
19	미디어	2	박홍철	391	
20	디자인	3	사수해	572	
21					
22			400점 이상인 2학년		
23			2명		
24					

[H23] 셀에 =COUNTIFS(G14:G20,2,I14:I20,">=400")&
"명"를 입력한다.

함수 설명

[G14:G20] 영역의 값이 2이고, [I14:I20] 영역의 값이 400 이상인
셀의 개수를 구하여 '명'을 붙여서 표시

정답

	A	B	C	D	E
27	[표5]				
28	매장명	사원코드	판매금액	평가	
29	대한	D1234	5,487,900		
30	상공	S2345	5,789,200		
31	상공	S4567	8,578,900	우수사원	
32	나라	N5678	6,547,800	우수사원	
33	대한	D4321	4,789,000		
34	나라	N8765	5,879,300		
35	상공	S7654	7,589,000	우수사원	
36					

[D29] 셀에 =IF(RANK.EQ(C29,$C$29:$C$35)
<=3,"우수사원","")를 입력하고 [D35] 셀까지 수식을 복사
한다.

함수 설명

❶ RANK.EQ(C29,$C$29:$C$35) : [C29] 셀의 값을 [C29:C35]
영역에서 순위를 구함

=IF(❶<=3,"우수사원","") : ❶의 값이 3이하이면 '우수사원', 그 외는
공백으로 표시

01 시나리오

정답

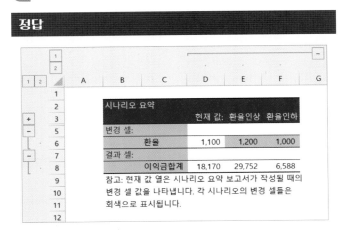

① [C13] 셀을 클릭하고 '이름 상자'에 **환율**을 입력하고 [Enter]를 누른다.

② 같은 방법으로 [F11] 셀은 **이익금합계**로 이름을 정의한다.

③ [C13] 셀을 선택한 후 [데이터]-[예측] 탭의 [가상 분석]-[시나리오 관리자]를 클릭한다.

기적의 TIP

시나리오
변경 셀 영역을 미리 범위 지정한 후 시나리오를 실행하면 [시나리오 편집]에서 별도로 변경 셀을 지정하지 않아도 된다.

④ [시나리오 관리자]에서 [추가]를 클릭한다.

⑤ [시나리오 추가]에서 '시나리오 이름'은 **환율인상**을 입력하고, '변경 셀'은 [C13] 셀을 지정한 후 [확인]을 클릭한다.

⑥ [시나리오 값]에서 '환율'에 1200을 입력한 후 [추가]를 클릭한다.

⑦ [시나리오 추가]에서 '시나리오 이름'은 **환율인하**를 입력하고, '변경 셀'이 [C13] 셀인 것을 확인한 후 [확인]을 클릭한다.

⑧ [시나리오 값]에서 '환율'에 1000을 입력한 후 [확인]을 클릭한다.

⑨ [시나리오 관리자]에서 [요약]을 클릭하고, [시나리오 요약]에서 '결과 셀'에 [F11] 셀을 지정하고 [확인]을 클릭한다.

⑩ '시나리오 요약' 시트를 드래그하여 '분석작업- 1' 시트 뒤로 이동한다.

02 부분합

정답

1 2 3 4		A	B	C	D	E	F	G
	1			미술/실용아트 강좌				
	2							
	3	강좌명	과정	요일	시간	모집인원	수강료	
	4	수채화 정물	초급	목	9:00	10	75,000	
	5	일러스트레이션	초급	목	10:00	30	85,000	
	6	유화A	초급	화	12:00	12	75,000	
	7		초급 최대			30	85,000	
	8		초급 평균			17	78,333	
	9	수채화 풍경	중급	수	12:00	12	80,000	
	10	뎃생A	중급	화	16:30	25	65,000	
	11	홈 일러스트레이션	중급	화	10:00	22	85,000	
	12	유화B	중급	금	9:00	10	80,000	
	13		중급 최대			25	85,000	
	14		중급 평균			17	77,500	
	15	회화교실	고급	수	15:00	15	60,000	
	16	뎃생B	고급	목	19:00	20	70,000	
	17	예쁜글씨POP	고급	금	16:00	15	90,000	
	18		고급 최대			20	90,000	
	19		고급 평균			17	73,333	
	20		전체 최대값			30	90,000	
	21		전체 평균			17	76,500	
	22							

① [B3] 셀을 클릭한 후 [데이터]-[정렬 및 필터] 그룹의 [텍스트 내림차순 정렬](힣↓)을 클릭한다.

② [B3] 셀을 클릭한 후 [데이터]-[개요] 탭의 [부분합](▦)을 클릭하여 그룹화할 항목은 '과정', 사용할 함수는 '평균', 부분합 계목은 '모집인원', '수강료'를 체크하고 [확인]을 클릭한다.

③ 다시 한번 [데이터]-[개요] 탭의 [부분합](▦)을 클릭하여 사용할 함수는 '최대', '새로운 값으로 대치'를 체크 해제하고 [확인]을 클릭한다.

01 매크로

정답

① [개발 도구]-[코드] 그룹의 [매크로 기록](📷)을 클릭한다.
② 매크로 이름에 **합계**를 입력하고 [확인]을 클릭한다.
③ [B4:I14] 영역을 범위 지정한 후 [수식]-[함수 라이브러리] 그룹에서 [자동 합계](∑) 도구를 클릭한다.

④ [개발 도구]-[코드] 그룹의 [기록 중지](□)를 클릭한다.
⑤ [삽입]-[일러스트레이션] 그룹의 [도형]-[사각형]의 '사각형: 둥근 모서리'(▢)를 클릭하여 [L4:M5] 영역에 Alt 를 누른 채 드래그하여 그린다.

⑥ '사각형: 둥근 모서리'(▢) 도형에 **합계**를 입력한 후, '합계' 도형의 경계라인에서 마우스 오른쪽 버튼을 눌러 [매크로 지정]을 클릭한다.

> **기적의 TIP**
>
> Alt 를 누른 상태에서 도형을 그리면 셀 눈금선에 맞추어 도형을 그릴 수 있다.

> **기적의 TIP**
>
> **도형에 텍스트 입력**
> 도형을 선택한 후 바로 텍스트를 입력하면 텍스트를 입력할 수 있다. 만약, 입력된 텍스트를 수정할 때에는 도형에서 마우스 오른쪽 버튼을 눌러 [텍스트 편집] 메뉴를 클릭하여 수정한다.

⑦ '합계'를 선택하고 [확인]을 클릭한다.
⑧ [개발 도구]-[코드] 그룹의 [매크로 기록](📷)을 클릭한다.
⑨ 매크로 이름은 **비율**을 입력하고 [확인]을 클릭한다.
⑩ [J4] 셀에 =(I4/B4)*100을 입력하고 [J4] 셀을 선택한 후 [홈]-[표시 형식] 탭의 [자릿수 늘림](⬆)을 2번 클릭한 후 [J14] 셀까지 수식을 복사한다.

⑪ [개발 도구]-[코드] 그룹의 [기록 중지](□)를 클릭한다.

⑫ [삽입]-[일러스트레이션] 그룹의 [도형]-[기본 도형]에서 '십자형'(✚)을 클릭하여 [L7:M8] 영역에 Alt 를 누른 채 드래그하여 그린다.

⑬ '십자형'(✚) 도형에 **비율**을 입력한 후, '비율' 도형의 경계 라인에서 마우스 오른쪽 버튼을 눌러 [매크로 지정]을 클릭한다.

⑭ '비율'을 선택하고 [확인]을 클릭한다.

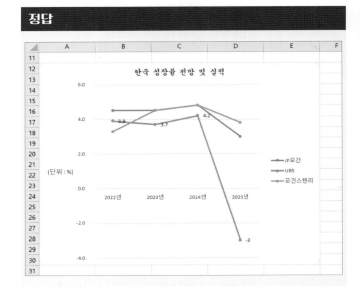

② **차트**

정답

① 차트를 선택한 후 [차트 디자인] 탭의 [종류]에서 [차트 종류 변경]을 클릭한다.

② [차트 종류 변경]에서 '꺾은선형'의 '표식이 있는 꺾은선형'을 선택하고 [확인]을 클릭한다.

③ [A5:E5] 영역을 범위 지정한 후 Ctrl + C 를 눌러 복사하고 차트를 선택한 후 Ctrl + V 를 눌러 붙여넣기를 한다.

A	B	C	D	E	F
주요 투자은행의 한국 성장률 전망 및 실적치					
				(단위 : %)	
투자은행	2022년	2023년	2024년	2025년	
골드만삭스	-	4.0	5.2	3.9	
모건스탠리	3.3	4.5	4.8	3.8	
JP모간	4.5	4.5	4.8	3	
씨티	4.3	4.3	5	2.2	
UBS	3.9	3.7	4.2	-3	
실적	5.1	5.0	4.2(KDI)	3.3(KDI)	

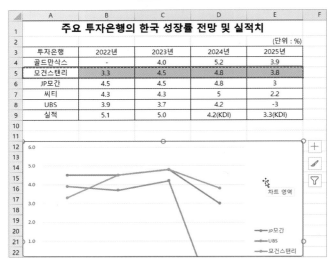

④ 차트를 선택한 후 [차트 요소](⊞)에서 '차트 제목'을 체크한 후 **한국 성장률 전망 및 실적**을 입력한다.

⑤ 차트 제목을 선택한 후 [홈]-[글꼴] 그룹에서 글꼴 '궁서체', 크기 '12', '굵게'로 선택한다.

⑥ 차트를 선택한 후 [차트 요소](⊞)에서 [축 제목]-[기본 세로]를 체크한 후 **(단위 : %)**를 입력한다.

⑦ 축 제목 '(단위 : %)'를 선택한 후 마우스 오른쪽 버튼을 눌러 [축 제목 서식]을 클릭한 후 [축 제목 서식]-[제목 옵션]-[크기 및 속성]의 '맞춤'에서 '텍스트 방향'을 '가로'를 선택한다.

⑧ 세로 값(축)을 선택한 후 [축 서식]의 [축 옵션]에서 단위 '기본'에 2를 입력한다.

⑨ 'UBS' 계열을 선택한 후 마우스 오른쪽 버튼을 누르고 [데이터 레이블 추가]를 클릭한다.

⑩ 차트 영역을 선택한 후 [차트 영역 서식]-[차트 옵션]-[채우기 및 선]에서 '테두리'의 '둥근 모서리'를 체크한다.

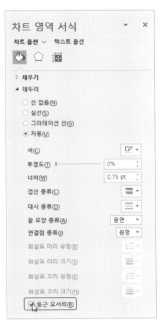

▶ 합격 강의

실전 모의고사 03회

프로그램명	소요시간	합격 점수
EXCEL 2021	40분	70점

수험번호 :

성   명 :

·········· 유의사항 ··········

■ 인적 사항 누락 및 잘못 작성으로 인한 불이익은 수험자 책임으로 합니다.

■ 화면에 암호 입력창이 나타나면 아래의 암호를 입력하여야 합니다.
   ○ 암호: 6845%3

■ 작성된 답안은 주어진 경로 및 파일명을 변경하지 마시고 그대로 저장해야 합니다. 이를 준수하지 않으면 실격 처리됩니다.
   ○ 답안 파일명의 예: C:\OA\수험번호8자리.xlsm

■ 외부데이터 위치: C:\OA\파일명

■ 별도의 지시사항이 없는 경우, 다음과 같이 처리 시 실격 처리됩니다.
   ○ 제시된 시트 및 개체의 순서나 이름을 임의로 변경한 경우
   ○ 제시된 시트 및 개체를 임의로 추가 또는 삭제한 경우
   ○ 외부데이터를 시험 시작 전에 열어본 경우

■ 답안은 반드시 문제에서 지시 또는 요구한 셀에 입력하여야 하며 다음과 같이 처리 시 채점 대상에서 제외됩니다.
   ○ 제시된 함수가 있을 경우 제시된 함수만을 사용하여야 하며 그 외 함수사용시 채점대상에서 제외
   ○ 수험자가 임의로 지시하지 않은 셀의 이동, 수정, 삭제, 변경 등으로 인해 셀의 위치 및 내용이 변경된 경우 해당 작업에 영향을 미치는 관련문제 모두 채점 대상에서 제외
   ○ 도형 및 차트의 개체가 중첩되어 있거나 동일한 계산결과 시트가 복수로 존재할 경우 해당 개체나 시트는 채점 대상에서 제외

■ 수식 작성 시 제시된 문제 파일의 데이터는 변경 가능한(가변적) 데이터임을 감안하여 문제 풀이를 하시오.

■ 별도의 지시사항이 없는 경우, 주어진 각 시트 및 개체의 설정값 또는 기본 설정값 (Default)으로 처리하시오.

■ 저장 시간은 별도로 주어지지 않으므로 제한된 시간 내에 저장을 완료해야 하며, 제한 시간 내에 저장이 되지 않은 경우에는 실격 처리됩니다.

■ 출제된 문제의 용어는 MS Office LTSC Professional Plus 2021 기준으로 작성되어 있습니다.

대 한 상 공 회 의 소

기본작업(20점) 주어진 시트에서 다음 과정을 수행하고 저장하시오.

01 '기본작업-1' 시트에 다음의 자료를 주어진 대로 입력하시오. (5점)

	A	B	C	D	E	F	G	H
1	상공대학 도서신청 목록							
2								
3	도서코드	출판사	도서명	저자	분류	정가	발행년도	
4	MC-9901	문학과 지성사	남도기행	홍성원	문학소설	5000	1999년	
5	KG-9601	열화당	사진의 역사	뷰먼트 뉴홀	교양도서	12000	1996년	
6	KG-9901	이레	오두막 편지	법정	교양추천	7000	1999년	
7	CS-9701	한뜻	유전공학	이진우	인문사회	5200	1997년	
8	KG-0201	청년정신	협상의 법칙	허브 코헨	교양필수	12000	2002년	
9	HT-9501	고려원	역설의 한일	김인배	역사기초	20000	1995년	
10	CS-9401	연구사	인간의 역사	M.일리인	인문과학	5000	1994년	
11	LT-9701	민음사	세계의 문학	김혜순	문학추천	7000	1997년	
12	KG-0202	청년정신	대화의 법칙	래리 킹	교양선택	9000	2002년	
13	LT-9702	문학관	내 남자친구	캐롤 힐	문학필수	6500	1997년	
14	HT-9601	비봉	미국 현대사	이주영	역사필수	12000	1996년	
15								

02 '기본작업-2' 시트에 대하여 다음의 지시사항을 처리하시오. (각 2점)

① [A1:I1] 영역은 '병합하고 가운데 맞춤', 글꼴 '휴먼엑스포', 크기 '20'으로 지정하시오.

② [A3:A4], [B3:D3], [E3:E4], [F3:H3], [I3:I4] 영역은 '병합하고 가운데 맞춤', [A3:I4] 영역은 셀 스타일에서 '주황, 강조색2'로 지정하시오.

③ [E5:E14], [I5:I14] 영역은 사용자 지정 서식을 이용하여 숫자 뒤에 "위"를 표시하되, 셀 값이 0일 경우에는 "0위"로 표시하시오. [표시 예 : 4 → 4위]

④ [A1] 셀에 "대학교 도서대출"이라는 메모를 삽입한 후 '자동 크기'로 지정하고, 항상 표시되도록 하시오.

⑤ [A3:I14] 영역은 '모든 테두리'(⊞)와 '굵은 바깥쪽 테두리'(⊡)로 적용하여 표시하시오.

03 '기본작업-3' 시트에 대하여 다음의 지시사항을 처리하시오. (5점)

[A4:J15] 영역에 대해 언어 점수가 수리 점수 이하인 행 전체의 글꼴 색을 '표준 색 – 파랑'을 지정하는 조건부 서식을 작성하시오.

▶ 단, 규칙 유형은 '수식을 사용하여 서식을 지정할 셀 결정'을 사용하고, 한 개의 규칙으로만 작성하시오.

문제2 계산작업(40점) '계산작업' 시트에서 다음 과정을 수행하고 저장하시오.

01 [표1]에서 검사결과[C3:C12]의 네 번째 문자가 4 이하일 경우 공백을, 이외에는 '불량'을 판정[D3:D12]에 표시하시오. (8점)

▶ IFERROR, CHOOSE, MID 함수 사용

02 [표2]에서 직위[G3:G9]와 기본급표[G12:K13], 수당[H3:H9]을 이용하여 급여[I3:I9]를 계산하시오. (8점)

▶ 급여 = 수당 + 기본급
▶ HLOOKUP, VLOOKUP, CHOOSE 중 알맞은 함수를 선택하여 사용

03 [표3]에서 실적점수[C16:C25], 연수점수[D16:D25]의 평균이 75 이상이고, 벌점[B16:B25]이 10 미만이면 "승진"을, 그렇지 않으면 공백을 승진여부[E16:E25]에 표시하시오. (8점)

▶ IF, AND, AVERAGE 함수 사용

04 [표4]에서 평수[H17:H25]가 20평대 매매건수를 구하여 [J26] 셀에 표시하시오. (8점)

▶ SUMIF, SUMIFS, COUNTIF 중 알맞은 함수를 선택하여 사용

05 [표5]에서 기록[C29:C36]을 기준으로 순위를 구하여 1위와 2위는 "결승진출", 나머지는 공백으로 결승[D29:D36]에 표시하시오. (8점)

▶ IF와 RANK.EQ 함수 사용

01 '분석작업-1' 시트에 대하여 다음의 지시사항을 처리하시오. (10점)

'1사분기 판매현황' 표를 이용하여 담당자는 '필터', 지역은 '행 레이블'로 처리하고, '값'에 판매수량, 판매금액의 평균을 계산하는 피벗 테이블을 작성하시오.

▶ 피벗 테이블 보고서는 동일 시트의 [A28] 셀에서 시작하시오.

▶ 보고서 레이아웃은 '개요 형식'으로 지정하시오.

▶ 피벗 테이블에 '연한 노랑, 피벗 스타일 보통 5' 서식을 적용하시오.

02 '분석작업-2' 시트에 대하여 다음의 지시사항을 처리하시오. (10점)

[부분합] 기능을 이용하여 '교내 IT 경진대회 시행 결과'표에 〈그림〉과 같이 학년별로 '정보검색', '홈페이지', '문서편집', '프로그램', '그래픽'의 평균과 '총점'의 최대값을 계산하시오.

▶ '학년'에 대한 정렬기준은 오름차순으로 하시오.

▶ 평균과 최대값의 결과값은 각각 하나의 행에 표시하시오.

▶ 평균과 최대값은 위에 명시된 순서대로 처리하시오.

	A	B	C	D	E	F	G	H	I
1				교내 IT 경진대회 시행 결과					
2									
3	학과	학년	성명	정보검색	홈페이지	문서편집	프로그램	그래픽	총점
4	정보통신과	1학년	민종국	49	36	57	38	52	232
5	시각디자인과	1학년	주민영	71	65	82	64	79	361
6	멀티미디어과	1학년	채한만	92	88	96	82	90	448
7	정보통신과	1학년	최순영	89	81	94	76	85	425
8		1학년 최대							448
9		1학년 평균		75.25	67.5	82.25	65	76.5	
10	멀티미디어과	2학년	강영순	74	77	85	64	76	376
11	인터넷과	2학년	고한수	47	52	74	57	63	293
12	인터넷과	2학년	김민호	56	49	63	43	59	270
13	멀티미디어과	2학년	라준기	85	83	92	78	80	418
14		2학년 최대							418
15		2학년 평균		65.5	65.25	78.5	60.5	69.5	
16	정보통신과	3학년	공애란	95	87	96	85	92	455
17	시각디자인과	3학년	박종호	58	49	63	47	54	271
18	인터넷과	3학년	이민주	39	44	63	47	50	243
19	시각디자인과	3학년	장선영	67	71	84	69	85	376
20		3학년 최대							455
21		3학년 평균		64.75	62.75	76.5	62	70.25	
22		전체 최대값							455
23		전체 평균		68.5	65.16667	79.08333	62.5	72.08333	
24									

01 '매크로작업' 시트에서 다음과 같은 기능을 수행하는 매크로를 현재 통합 문서에 작성하고 실행하시오. (각 5점)

    ① [A3:G3] 영역에 대하여 글꼴 색 '표준 색 – 파랑', 배경색 '표준 색 – 노랑', '가운데 맞춤'을 적용하는 매크로를 생성하여 실행하시오.

      ▶ 매크로 이름 : 서식

      ▶ [도형] → [기본 도형]의 '육각형'(⬡)을 동일 시트의 [I3:J5] 영역에 생성한 후 텍스트를 "서식"으로 입력하고, 도형을 클릭할 때 '서식' 매크로가 실행되도록 설정하시오.

    ② [G4:G12] 영역에 재고량을 계산하는 매크로를 생성하여 실행하시오.

      ▶ 매크로 이름 : 재고량

      ▶ 재고량 = 전월재고량 + 매입수량 – 판매량

      ▶ [도형] → [기본 도형]의 '배지'(▢)를 동일 시트의 [I7:J9] 영역에 생성한 후 텍스트를 "재고량"으로 입력하고, 도형을 클릭할 때 '재고량' 매크로가 실행되도록 설정하시오.

    ※ 셀 포인터의 위치에 상관없이 현재 통합 문서에서 매크로가 실행되어야 정답으로 인정됨

02 '차트작업' 시트에서 다음 지시사항에 따라 〈그림〉과 같이 차트를 수정하시오. (각 2점)

    ※ 차트는 반드시 문제에서 제공한 차트를 사용하여야 하며, 신규로 작성 시 0점 처리됨

    ① 〈그림〉을 참고하여 '매출수량'과 '매출금액' 계열만 차트에 표시되도록 데이터 범위를 지정하시오.

    ② '매출금액' 계열의 차트 종류를 '표식이 있는 꺾은선형'으로 변경하고, '보조 축'으로 지정하시오.

    ③ 범례는 '아래쪽'에 배치하고, 글꼴 '굴림체', 크기 '12', 글꼴 스타일 '굵은 기울임꼴'로 지정하시오.

    ④ '매출금액' 데이터 계열 중 '영업4팀'에만 데이터 레이블 '값(오른쪽)'을 표시하시오.

    ⑤ 차트 영역의 테두리 스타일을 '둥근 모서리'로 지정하시오.

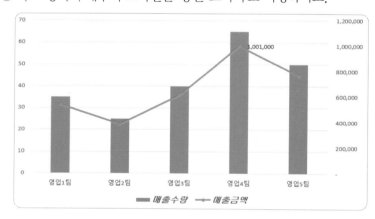

정답 & 해설 실전 모의고사 03회

문제1 기본작업

01 자료 입력

정답

	A	B	C	D	E	F	G	H
1	상공대학 도서신청 목록							
2								
3	도서코드	출판사	도서명	저자	분류	정가	발행년도	
4	MC-9901	문학과 지성사	남도기행	홍성원	문학소설	5000	1999년	
5	KG-9601	열화당	사진의 역사	뷰먼트 뉴홀	교양도서	12000	1996년	
6	KG-9901	이레	오두막 편지	법정	교양추천	7000	1999년	
7	CS-9701	한뜻	유전공학	이진우	인문사회	5200	1997년	
8	KG-0201	청년정신	협상의 법칙	허브 코헨	교양필수	12000	2002년	
9	HT-9501	고려원	역설의 한일	김인배	역사기초	20000	1995년	
10	CS-9401	연구사	인간의 역사	M.일리인	인문과학	5000	1994년	
11	LT-9701	민음사	세계의 문학	김혜순	문학추천	7000	1997년	
12	KG-0202	청년정신	대화의 법칙	래리 킹	교양선택	9000	2002년	
13	LT-9702	문학관	내 남자친구	캐롤 힐	문학필수	6500	1997년	
14	HT-9601	비봉	미국 현대사	이주영	역사필수	12000	1996년	
15								

[A3:G14] 셀까지 문제를 보고 오타 없이 작성한다.

02 서식 지정

정답

① [A1:I1] 영역을 범위 지정한 후 [홈]-[맞춤] 그룹에서 [병합하고 가운데 맞춤](🔲)을 클릭하고, [글꼴] 그룹에서 글꼴 '휴먼엑스포', 크기 '20'을 선택한다.
② [A3:A4], [B3:D3], [E3:E4], [F3:H3], [I3:I4] 영역을 Ctrl을 이용하여 범위 지정한 후 [홈]-[맞춤] 그룹에서 [병합하고 가운데 맞춤](🔲)을 클릭한다.

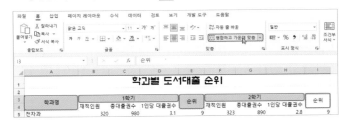

③ [A3:I4] 영역을 범위 지정한 후 [홈]-[스타일] 그룹에서 [셀 스타일]을 클릭하여 '테마 셀 스타일'의 '주황, 강조색 2'를 선택한다.

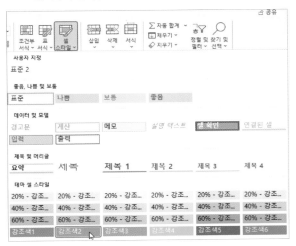

실전 모의고사 03회 57

③ [E5:E14], [I5:I14] 영역을 Ctrl을 이용하여 범위 지정한 후 마우스 오른쪽 버튼을 눌러 [셀 서식]을 클릭하여 [표시 형식] 탭에서 '사용자 지정'을 선택하고 0"위"를 입력하고 [확인]을 클릭한다.

⑤ [A1] 셀에서 마우스 오른쪽 버튼을 눌러 [메모 삽입]을 클릭한 후 기존 사용자 이름은 지우고 **대학교 도서대출**을 입력한다.

⑥ [A1] 셀을 다시 클릭한 후 마우스 오른쪽 버튼을 눌러 [메모 표시/숨기기]를 클릭한다.

⑦ 메모 경계라인에서 마우스 오른쪽 버튼을 눌러 [메모 서식]을 클릭한다.

⑧ [맞춤] 탭에서 '자동 크기'를 선택하고 [확인]을 클릭한다.

⑨ [A3:I14] 영역을 범위 지정한 후 [홈]-[글꼴] 그룹에서 [테두리](⊞▾) 도구의 [모든 테두리](⊞)를 클릭한다. 다시 한 번 [테두리](⊞▾) 도구의 [굵은 바깥쪽 테두리](⊡)를 클릭한다.

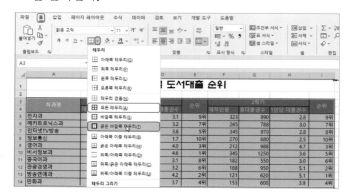

03 조건부 서식

정답

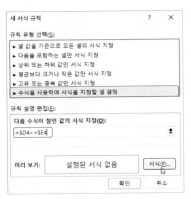

	A	B	C	D	E	F	G	H	I	J	K
1				전국 연합학력평가							
2											
3	수험번호	성명	선택과목	언어	수리	외국어	선택1	선택2	선택3	총점	
4	200201	황효진	과탐	68	57	40	15	14	16	210	
5	200202	신재호	과탐	84	74	88	19	18	17	300	
6	200203	이동수	과탐	69	70	69	12	14	13	247	
7	200204	전준영	과탐	74	69	62	16	14	15	250	
8	100101	최동명	사탐	55	45	62	19	18	17	216	
9	100102	김승일	사탐	42	32	39	16	13	14	156	
10	100103	김현식	사탐	46	54	45	14	16	15	190	
11	100104	박상수	사탐	98	88	92	20	19	17	334	
12	300301	조안호	직탐	77	78	78	17	15	16	281	
13	300302	이영우	직탐	65	67	68	17	12	15	244	
14	300303	조승구	직탐	57	62	58	15	17	16	225	
15	300304	강수호	직탐	67	55	54	12	11	12	211	
16											

① [A4:J15] 영역을 범위 지정한 후 [홈]–[스타일] 그룹의
[조건부 서식]–[새 규칙]을 클릭한다.

② [새 서식 규칙]에서 '▶ 수식을 사용하여 서식을 지정할
셀 결정'을 선택하고, =$D4<=$E4를 입력한 후 [서식]을
클릭한다.

③ [글꼴] 탭에서 색은 '표준 색 – 파랑'을 선택하고 [확인]을
클릭한다.

④ [새 서식 규칙]에서 [확인]을 클릭한다.

01 판정[D3:D12]

정답

	A	B	C	D	E
1	[표1]	제품 검사 현황			
2	제품코드	검사일	검사결과	판정	
3	ST-01	11월 11일	RS-6666	불량	
4	ST-02	11월 11일	RS-7777	불량	
5	ST-03	11월 11일	RS-6666	불량	
6	ST-04	11월 11일	RS-2222		
7	ST-05	11월 11일	RS-1111		
8	ST-06	11월 12일	RS-4444		
9	ST-07	11월 12일	RS-1111		
10	ST-08	11월 12일	RS-2222		
11	ST-09	11월 12일	RS-7777	불량	
12	ST-10	11월 12일	RS-4444		
13					

[D3] 셀에 =IFERROR(CHOOSE(MID(C3,4,1),"","","",""),"불량")를 입력하고 [D12] 셀까지 수식을 복사한다.

함수 설명

❶ MID(C3,4,1) : [C3] 셀에서 왼쪽에서부터 4번째에 시작하여 1글자를 추출함

❷ CHOOSE(,"","","",""), : ❶의 값이 1~4까지는 공백으로 표시

=IFERROR(❷ "불량") : ❷의 값의 오류가 있다면 '불량'으로 표시

02 급여[I3:I9]

정답

	F	G	H	I	J	K	L
1	[표2]	직위별 급여지급 현황					
2	사원명	직위	수당	급여			
3	이주아	부장	₩ 850,000	₩ 4,350,000			
4	김민채	대리	₩ 610,000	₩ 3,010,000			
5	최민주	과장	₩ 740,000	₩ 3,540,000			
6	김도현	사원	₩ 350,000	₩ 2,250,000			
7	김한성	차장	₩ 550,000	₩ 3,650,000			
8	한민우	대리	₩ 300,000	₩ 2,700,000			
9	오안국	사원	₩ 280,000	₩ 2,180,000			
10							
11	<기본급표>						
12	직위	부장	차장	과장	대리	사원	
13	기본급	₩ 3,500,000	₩ 3,100,000	₩ 2,800,000	₩ 2,400,000	₩ 1,900,000	
14							

[I3] 셀에 =H3+HLOOKUP(G3,$G$12:$K$13,2,FALSE)를 입력하고 [I9] 셀까지 수식을 복사한다.

함수 설명

❶ HLOOKUP(G3,$G$12:$K$13,2,FALSE) : [G3] 셀의 값을 [G12:K13] 영역의 첫 번째 행에서 찾아 2번째 행의 값을 찾아옴

=H3+❶ : [H3] 셀에 ❶의 값을 더하여 표시

03 승진여부[E16:E25]

정답

	A	B	C	D	E	F
14	[표3]	사원 승진 심사표				
15	성명	벌점	실적점수	연수점수	승진여부	
16	김선우	10	86	67		
17	유세준	9	88	70	승진	
18	손상훈	5	76	84	승진	
19	김승완	4	56	78		
20	박진수	0	74	96	승진	
21	정명우	2	78	66		
22	조성진	8	62	68		
23	최정일	11	78	88		
24	전승호	13	80	90		
25	이동찬	12	82	87		
26						

[E16] 셀에 =IF(AND(AVERAGE(C16:D16)>=75,B16<10),"승진","")를 입력하고 [E25] 셀까지 수식을 복사한다.

함수 설명

❶ AVERAGE(C16:D16) : [C16:D16] 영역의 평균을 구함

❷ AND(❶>=75,B16<10) : ❶의 값이 75 이상이고, [B16] 셀의 값이 10 미만이면 TRUE 값을 반환

=IF(❷,"승진","") : ❷의 값이 TRUE 이면 '승진', 그 외는 공백으로 표시

04 매매건수[J26]

	G	H	I	J	K
15	[표4]	아파트 매매 목록			
16	아파트명	평수	충수	매매가(만원)	
17	빌리지힐	38	10	35,000	
18	버블힐	25	12	25,000	
19	빌리지힐	23	2	21,000	
20	버블힐	47	3	43,000	
21	버블힐	35	12	32,000	
22	빌리지힐	20	30	20,000	
23	빌리지힐	32	28	33,000	
24	버블힐	45	27	42,000	
25	빌리지힐	31	20	30,000	
26	평수가 20평대 매매 건수			3	
27					

[J26] 셀에 =COUNTIF(H17:H25,">=20")−COUNTIF(H17:H25,">=30")를 입력한다.

| 함수 설명 |

❶ COUNTIF(H17:H25,">=20") : [H17:H25] 영역에서 20 이상인 셀의 개수를 구함
❷ COUNTIF(H17:H25,">=30") : [H17:H25] 영역에서 30 이상인 셀의 개수를 구함

=❶−❷ : ❶에서 ❷의 값을 뺀 차이 값을 구함

05 결승[D29:D36]

	A	B	C	D	E
27	[표5]	카트 경기 대회			
28	등번호	참가자	기록	결승	
29	1	타탕가	2:00:46		
30	2	최모스	1:58:50		
31	3	이배찌	1:57:02	결승진출	
32	4	우디지니	1:59:48		
33	5	성마리드	1:58:25		
34	6	배바니	1:59:40		
35	7	박우니	1:59:15		
36	8	김다오	1:57:00	결승진출	
37					

[D29] 셀에 =IF(RANK.EQ(C29,$C$29:$C$36,1)<=2,"결승진출","")를 입력하고 [D36] 셀까지 수식을 복사한다.

| 함수 설명 |

❶ RANK.EQ(C29,$C$29:$C$36,1) : [C29] 셀의 값을 [C29:C36] 영역에서 순위를 구함

=IF(❶<=2,"결승진출","") : ❶의 값이 2이하이면 '결승진출', 그 외는 공백으로 표시

01 피벗 테이블

정답

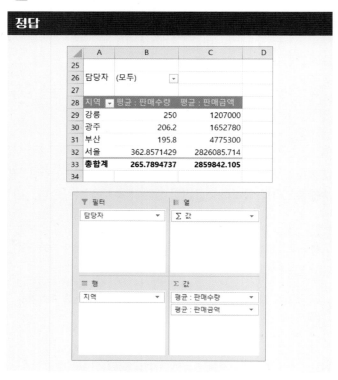

① 데이터 안쪽에 커서를 두고 [삽입]-[표] 탭의 [피벗 테이블](圖)을 클릭한다.

② [피벗 테이블 만들기]에서 '표/범위' [A3:E22], '기존 워크시트' [A28]을 지정하고 [확인]을 클릭한다.

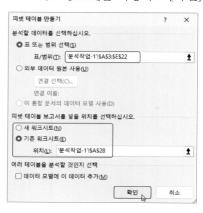

③ 다음과 같이 '담당자' 필드는 '필터', '지역' 필드는 '행', '판매수량', '판매금액' 필드는 '값'으로 드래그한다.

④ '합계 : 판매수량'을 클릭하여 [값 필드 설정]을 클릭한다.

⑤ [값 필드 설정]에서 '평균'을 선택하고 [확인]을 클릭한다. 같은 방법으로 '합계 : 판매금액'도 함수 '평균'으로 바꾼다.

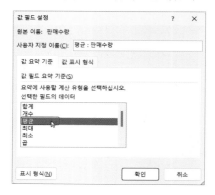

⑥ 피벗 테이블을 선택하고 [디자인]-[레이아웃] 탭의 [보고서 레이아웃]-[개요 형식으로 표시]를 클릭한다.

⑦ [디자인] 탭의 [피벗 테이블 스타일]을 클릭하여 '연한 노랑, 피벗 스타일 보통 5'를 선택한다.

02 부분합

정답

1 2 3 4	A	B	C	D	E	F	G	H	I	J
1			교내 IT 경진대회 시행 결과							
2										
3	학과	학년	성명	정보검색	홈페이지	문서편집	프로그램	그래픽	총점	
4	정보통신과	1학년	민종국	49	36	57	38	52	232	
5	시각디자인과	1학년	주민영	71	65	82	64	79	361	
6	멀티미디어과	1학년	채한만	92	88	96	82	90	448	
7	정보통신과	1학년	최순영	89	81	94	76	85	425	
8		1학년 최대							448	
9		1학년 평균		75.25	67.5	82.25	65	76.5		
10	멀티미디어과	2학년	강영순	74	77	85	64	76	376	
11	인터넷과	2학년	고한수	47	52	74	57	63	293	
12	인터넷과	2학년	김민호	56	49	63	43	59	270	
13	멀티미디어과	2학년	라준기	85	83	92	78	80	418	
14		2학년 최대							418	
15		2학년 평균		65.5	65.25	78.5	60.5	69.5		
16	정보통신과	3학년	공애란	95	87	96	85	92	455	
17	시각디자인과	3학년	박종호	58	49	63	47	54	271	
18	인터넷과	3학년	이민주	39	44	63	47	50	243	
19	시각디자인과	3학년	장선영	67	71	84	69	85	376	
20		3학년 최대							455	
21		3학년 평균		64.75	62.75	76.5	62	70.25		
22		전체 최대값							455	
23		전체 평균		68.5	65.16667	79.08333	62.5	72.08333		
24										

① [B3] 셀을 클릭한 후 [데이터]–[정렬 및 필터] 그룹의 [텍스트 오름차순 정렬](🔽)을 클릭한다.

② 데이터 안쪽에 커서를 두고 [데이터]–[개요] 탭의 [부분합](🔳)을 클릭한다.

③ 다음과 같이 지정하고 [확인]을 클릭한다.

- **그룹화할 항목** : 학년
- **사용할 함수** : 평균
- **부분합 계산 항목** : 정보검색, 홈페이지, 문서편집, 프로그램, 그래픽

④ 다시 한번 [데이터]–[개요] 탭의 [부분합](🔳)을 클릭하여 다음과 같이 지정하고 [확인]을 클릭한다.

- **사용할 함수** : 최대
- **부분합 계산 항목** : 총점
- '새로운 값으로 대치' 체크 해제

01 매크로

정답

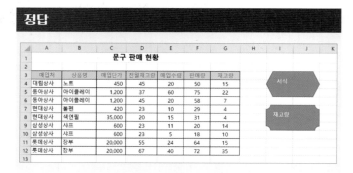

① [개발 도구]-[코드] 그룹의 [매크로 기록](📹)을 클릭한다.
② 매크로 이름에 **서식**을 입력하고 [확인]을 클릭한다.

③ [A3:G3] 영역을 범위 지정한 후 [홈]-[글꼴] 그룹에서 [채우기 색](🔽) 도구를 클릭하여 '표준 색 - 노랑, [글꼴 색](🔽) 도구를 클릭하여 '표준 색 - 파랑', [홈]-[맞춤] 그룹에서 [가운데 맞춤](☰)을 클릭한다.

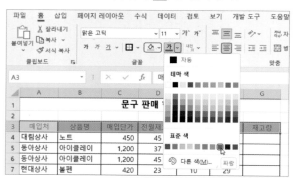

④ [개발 도구]-[코드] 그룹의 [기록 중지](⬜)를 클릭한다.
⑤ [삽입]-[일러스트레이션] 그룹의 [도형]-[기본 도형]의 '육각형'(⬡)을 클릭하여 [I3:J5] 영역에 **Alt**를 누른 채 드래그하여 그린다.

⑥ '육각형'(⬡)을 도형에 **서식**을 입력한 후, '서식' 도형의 경계라인에서 마우스 오른쪽 버튼을 눌러 [매크로 지정]을 클릭한다.
⑦ '서식'을 선택하고 [확인]을 클릭한다.

⑧ [개발 도구]-[코드] 그룹의 [매크로 기록](📹)을 클릭한다.
⑨ 매크로 이름은 **재고량**을 입력하고 [확인]을 클릭한다.
⑩ [G4] 셀에 **=D4+E4-F4**를 입력하고 채우기 핸들을 이용하여 [G12] 셀까지 수식을 복사한다.
⑪ [개발 도구]-[코드] 그룹의 [기록 중지](⬜)를 클릭한다.
⑫ [삽입]-[일러스트레이션] 그룹의 [도형]-[기본 도형]의 '배지(⬡)'를 클릭하여 [I7:J9] 영역에 **Alt**를 누른 채 드래그하여 그린다.
⑬ 도형에 **재고량**을 입력한 후, '재고량' 도형의 경계라인에서 마우스 오른쪽 버튼을 눌러 [매크로 지정]을 클릭한다.
⑭ '재고량'을 선택하고 [확인]을 클릭한다.

02 차트

정답

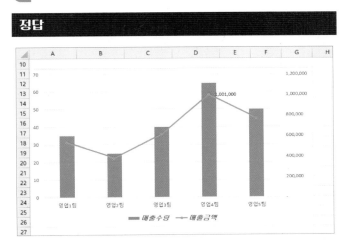

① '순이익' 계열을 마우스 오른쪽 버튼을 눌러 [삭제]를 클릭한다.

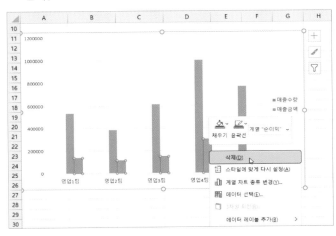

② '매출금액' 계열에서 마우스 오른쪽 버튼을 눌러 [계열 차트 종류 변경]을 클릭한다.

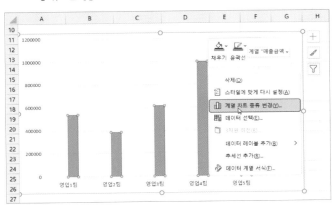

③ '꺾은선형'의 '표식이 있는 꺾은선형'을 선택하고 [확인]을 클릭한다.

④ '매출금액'을 선택한 후 '보조 축'을 선택하고 [확인]을 클릭한다.

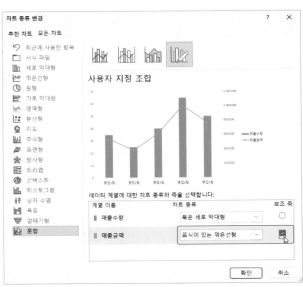

⑤ 차트를 선택한 후 [차트 요소](⊞)에서 [범례]-[아래쪽]을 클릭한다.

⑥ 범례를 선택한 후 [홈]-[글꼴] 그룹에서 글꼴 '굴림체', 크기 '12', 굵게, 기울임꼴로 선택한다.

⑦ '매출금액' 계열의 '영업4팀' 요소를 천천히 2번 클릭한 후 마우스 오른쪽 버튼을 눌러 [데이터 레이블 추가]를 클릭한다.

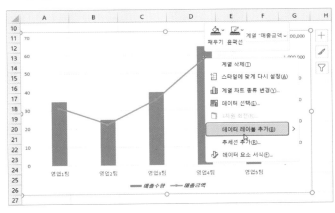

⑧ 차트 영역에서 마우스 오른쪽 버튼을 눌러 [차트 영역 서식]을 클릭한다.

⑨ [차트 영역 서식]에서 [채우기 및 선]의 '테두리 스타일'에서 '둥근 모서리'를 체크하고 [닫기]를 클릭한다.

▶ 합격 강의

실전 모의고사 04회

프로그램명	소요시간	합격 점수
EXCEL 2021	40분	70점

수험번호 :

성   명 :

························· 유의사항 ·························

- 인적 사항 누락 및 잘못 작성으로 인한 불이익은 수험자 책임으로 합니다.

- 화면에 암호 입력창이 나타나면 아래의 암호를 입력하여야 합니다.
  ○ 암호: 6845%3

- 작성된 답안은 주어진 경로 및 파일명을 변경하지 마시고 그대로 저장해야 합니다. 이를 준수하지 않으면 실격 처리됩니다.
  ○ 답안 파일명의 예: C:₩OA₩수험번호8자리.xlsm

- 외부데이터 위치: C:₩OA₩파일명

- 별도의 지시사항이 없는 경우, 다음과 같이 처리 시 실격 처리됩니다.
  ○ 제시된 시트 및 개체의 순서나 이름을 임의로 변경한 경우
  ○ 제시된 시트 및 개체를 임의로 추가 또는 삭제한 경우
  ○ 외부데이터를 시험 시작 전에 열어본 경우

- 답안은 반드시 문제에서 지시 또는 요구한 셀에 입력하여야 하며 다음과 같이 처리 시 채점 대상에서 제외됩니다.
  ○ 제시된 함수가 있을 경우 제시된 함수만을 사용하여야 하며 그 외 함수사용시 채점대상에서 제외
  ○ 수험자가 임의로 지시하지 않은 셀의 이동, 수정, 삭제, 변경 등으로 인해 셀의 위치 및 내용이 변경된 경우 해당 작업에 영향을 미치는 관련문제 모두 채점 대상에서 제외
  ○ 도형 및 차트의 개체가 중첩되어 있거나 동일한 계산결과 시트가 복수로 존재할 경우 해당 개체나 시트는 채점 대상에서 제외

- 수식 작성 시 제시된 문제 파일의 데이터는 변경 가능한(가변적) 데이터임을 감안하여 문제 풀이를 하시오.

- 별도의 지시사항이 없는 경우, 주어진 각 시트 및 개체의 설정값 또는 기본 설정값 (Default)으로 처리하시오.

- 저장 시간은 별도로 주어지지 않으므로 제한된 시간 내에 저장을 완료해야 하며, 제한 시간 내에 저장이 되지 않은 경우에는 실격 처리됩니다.

- 출제된 문제의 용어는 MS Office LTSC Professional Plus 2021 기준으로 작성되어 있습니다.

대 한 상 공 회 의 소

기본작업(20점) 주어진 시트에서 다음 과정을 수행하고 저장하시오.

01 '기본작업-1' 시트에 다음의 자료를 주어진 대로 입력하시오. (5점)

	A	B	C	D	E	F
1	의약품 정보					
2						
3	제품명	복지부 분류	성분/함량	제약수입사	제형	보험
4	키도라제정	효소제제	Streptokinase 10mg	한국휴텍스제약	정제	70원/1정
5	세파질건조시럽	그람양성, 음성균에 작용	Cefprozip 25mg/mL	한국콜마	건조시럽	89원/1ml
6	슈다페드정	진해건담제	Pseudoephedrine HCI 60mg	삼일제약	정제	23원/1정
7	푸라콩정	항히스타민제	Piprinhydrinate 3mg	영진약품공업	정제	10원/1정
8	리나치올시럽5%	진해건담제	L-Carbocysteine 50mg/mL	현대약품	시럽제	17원/1ml
9	싱글레어츄정5mg	알레르기용약	Montelukast Sodium 5.2mg	한국엠에스디	저작정(츄어블정)	774원/1정
10	옴카민 시럽	호흡기관용약	Pelargonium Sidoides 11%	한화제약	시럽제	28원/1ml
11	하이크라듀오시럽	그람양성, 음성균에 작용	Amoxicillin Sodium 40mg	한국휴텍스제약	건조시럽	81원/1ml
12	뮤테란과립200mg	진해건담제	Acetylcysteine 200mg	한화제약	과립	118원/1g
13						

02 '기본작업-2' 시트에 대하여 다음의 지시사항을 처리하시오. (각 2점)

① [A1:I1] 영역은 '병합하고 가운데 맞춤', 글꼴 'HY중고딕', 크기 '18', 행 높이 '28'로 지정하시오.
② [A3:I3] 영역은 셀 스타일에서 '제목 및 머리글'의 '제목 4'로 지정하시오.
③ [F4:F13] 영역은 '전화번호'로 이름을 정의하시오.
④ [H4:H13] 영역은 사용자 지정 서식을 이용하여 문자 뒤에 '@korcham.net'을 표시하시오.
⑤ [A3:I13] 영역은 '모든 테두리'(田)를 적용하여 표시하시오.

03 '기본작업-3' 시트에 대하여 다음의 지시사항을 처리하시오. (5점)

'건강검진 결과표'에서 성별이 "여"이고, 키가 160 이상인 데이터를 고급 필터를 사용하여 검색하시오.
▶ 고급 필터 조건은 [A20:D22] 범위 내에 알맞게 입력하시오.
▶ 고급 필터 결과 복사 위치는 시트의 [A24] 셀에서 시작하시오.

01 [표1]에서 제품코드[A3:A11]의 첫 문자와 코드표[E3:G7]를 이용하여 총판매액[C3:C11]을 계산하시오. (8점)

▶ 총판매액 = 판매량 × 판매가
▶ VLOOKUP과 LEFT 함수 사용

02 [표2]에서 휴가시작일[J3:J11]과 휴가일수[K3:K11]를 이용하여 회사출근일[L3:L11]을 표시하시오. (8점)

▶ 주말(토, 일요일)은 제외
▶ EDATE, DAYS360, WORKDAY 중 알맞은 함수를 선택하여 사용

03 [표3]의 주행거리[D15:D23]에서 기준거리[E13]를 뺀 거리가 0 이하이면 "최상급", 20,000 이하이면 "상급", 20,000 초과하면 공백으로 비고[E15:E23]에 표시하시오. (8점)

▶ IF, COUNTIF, AVERAGEIF 중 알맞은 함수 사용

04 [표4]의 가입 E-메일[J15:K23]에서 '@' 앞의 문자열만 추출하여 아이디[I15:I23]에 표시하시오. (8점)

▶ [표시 예 : tree@naver.com → tree]
▶ MID와 SEARCH 함수 사용

05 [표5]에서 여학생의 수학[E27:E36] 점수 평균을 계산하여 [G27] 셀에 표시하시오. (8점)

▶ 평균 점수는 반올림없이 정수로 표시
▶ 숫자 뒤에 "점"을 표시(예 : 80점)
▶ TRUNC와 AVERAGEIF 함수와 & 연산자 사용

01 '분석작업-1' 시트에 대하여 다음의 지시사항을 처리하시오. (10점)

데이터 통합 기능을 이용하여 '박물관 입장객 현황(A3:E23)' 표에 대한 박물관별 '성인', '청소년', '어린이'의 평균을 [H4:J8] 영역에 계산하시오.

02 '분석작업-2' 시트에 대하여 다음의 지시사항을 처리하시오. (10점)

판매가[B6]와 판매량[B7]이 다음과 같이 변동하는 경우 순이익총액[B15]의 변동 시나리오를 작성하시오.
▶ [B6] 셀의 이름은 '판매가', [B7] 셀의 이름은 '판매량', [B15] 셀의 이름은 '순이익총액'으로 정의하시오.
▶ 시나리오1 : 시나리오 이름은 '판매가판매량증가', 판매가를 130,000, 판매량을 450으로 설정하시오.
▶ 시나리오2 : 시나리오 이름은 '판매가판매량감소', 판매가를 120,000, 판매량을 250으로 설정하시오.
▶ 위 시나리오에 의한 '시나리오 요약' 보고서는 '분석작업-2' 시트 바로 앞에 위치시키시오.
※ 시나리오 요약 보고서 작성 시 정답과 일치하여야 하며, 오자로 인한 부분점수는 인정하지 않음

문제4 **기타작업(20점)** **주어진 시트에서 다음 과정을 수행하고 저장하시오.**

01 '매크로작업' 시트에서 다음과 같은 기능을 수행하는 매크로를 현재 통합 문서에 작성하고 실행하시오. (각 5점)

① [D12:H12] 영역에 평균을 계산하는 매크로를 생성하여 실행하시오.
  ▶ 매크로 이름 : 평균
  ▶ AVERAGE 함수 사용
  ▶ [도형] → [기본 도형]의 '타원'(◯)을 동일 시트의 [B14:C15] 영역에 생성한 후 텍스트를 "평균"으로 입력하고, 도형을 클릭할 때 '평균' 매크로가 실행되도록 설정하시오.

② [A3:H3] 영역에 대하여 셀 스타일을 '녹색, 강조색6'으로 지정하는 매크로를 생성하여 실행하시오.
  ▶ 매크로 이름 : 서식
  ▶ [도형] → [기본 도형]의 '타원'(◯)을 동일 시트의 [E14:F15] 영역에 생성한 후 텍스트를 "서식"으로 입력하고, 도형을 클릭할 때 '서식' 매크로가 실행되도록 설정하시오.

※ 셀 포인터의 위치에 상관없이 현재 통합 문서에서 매크로가 실행되어야 정답으로 인정됨

02 '차트작업' 시트에서 다음 지시사항에 따라 〈그림〉과 같이 차트를 수정하시오. (각 2점)

※ 차트는 반드시 문제에서 제공한 차트를 사용하여야 하며, 신규로 작성 시 0점 처리됨
① '번호' 계열을 삭제하고, 가로(항목) 축을 〈그림〉과 같이 지정하시오.
② 차트 제목을 〈그림〉과 같이 입력한 후 글꼴 크기를 '20'으로 지정하시오.
③ '5일제後' 계열의 차트 종류를 '표식이 있는 꺾은선형'으로 변경하시오.
④ 범례는 아래쪽에 배치하시오.
⑤ 차트 영역의 테두리 스타일은 '너비' 3pt와 '둥근 모서리'로 지정하시오.

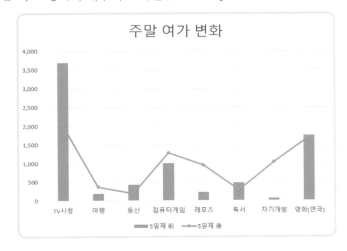

문제1　기본작업

01 자료 입력

정답

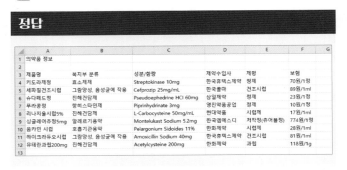

	A	B	C	D	E	F	G
1	의약품 정보						
2							
3	제품명	복지부 분류	성분/함량	제약수입사	제형	보험	
4	키도라제정	효소제제	Streptokinase 10mg	한국휴텍스제약	정제	70원/1정	
5	세파질건조시럽	그람양성, 음성균에 작용	Cefprozip 25mg/mL	한국쿄와	건조시럽	89원/1ml	
6	슈다페드정	진해거담제	Pseudoephedrine HCl 60mg	삼일제약	정제	23원/1정	
7	푸라콩정	항히스타민제	Piprinhydrinate 3mg	영진약품공업	정제	10원/1정	
8	리나치올시럽5%	진해거담제	L-Carbocisteine 50mg/mL	현대약품	시럽제	17원/1ml	
9	싱글레어츄정5mg	알레르기용약	Montelukast Sodium 5.2mg	한국엠에스디	저작정(츄어블정)	774원/1정	
10	움카민 시럽	호흡기관용약	Pelargonium Sidoides 11%	한화제약	시럽제	28원/1ml	
11	하이크라듀오시럽	그람양성, 음성균에 작용	Amoxicillin Sodium 40mg	한국휴텍스제약	건조시럽	81원/1ml	
12	유태란과립200mg	진해거담제	Acetylcysteine 200mg	한화제약	과립	118원/1g	
13							

[A3:F12] 셀까지 문제를 보고 오타 없이 작성한다.

02 서식 지정

정답

	A	B	C	D	E	F	G	H	I	J
1					축구회원 명단					
2										
3	성명	나이	주포지션	가입일	거주지	전화번호	직업	이메일	회비납부총액	
4	김율영	36세	풀백	2010-09-06	영등포	010-2356-0847	자영업	blue@korcham.net	180000	
5	강동식	32세	미드필드	2019-09-09	목동	010-8783-0921	회사원	star@korcham.net	170000	
6	최샤민	26세	센터포드	2011-03-02	여의도	010-3472-6382	학생	sky@korcham.net	120000	
7	주희용	29세	라이트윙	2016-03-15	부천	010-5387-8521	회사원	lion@korcham.net	150000	
8	백두식	41세	풀백	2021-03-17	사당	019-7487-9861	자영업	twin@korcham.net	140000	
9	조용호	39세	풀백	2020-08-31	구로	010-2498-3729	자영업	red@korcham.net	130000	
10	이선용	30세	미드필드	2022-04-20	여의도	010-8193-4578	회사원	mount@korcham.net	110000	
11	윤기민	27세	레프트윙	2023-05-31	영등포	010-7374-4832	학생	bakurn@korcham.net	90000	
12	장인채	45세	골기퍼	2018-07-04	마포	010-4382-8943	교사	keeper@korcham.net	10000	
13	기민해	31세	미드필드	2015-07-08	부천	010-6370-5729	공무원	kicker@korcham.net	100000	
14										

① [A1:I1] 영역을 범위 지정한 후 [홈]–[맞춤] 그룹에서 [병합하고 가운데 맞춤](📶)을 클릭하고, [글꼴] 그룹에서 글꼴 'HY중고딕', 크기 '18'을 선택한다.

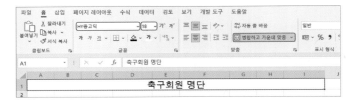

② 행 머리글 1행에서 마우스 오른쪽 버튼을 누르고 [행 높이]를 클릭한다.

③ [행 높이]에서 28을 입력하고 [확인]을 클릭한다.

④ [A3:I3] 영역을 범위 지정한 후 [홈]-[스타일] 그룹에서 [셀 스타일]을 클릭하여 '제목 및 머리글'의 '제목 4'를 선택한다.

⑤ [F4:F13] 영역을 범위 지정한 후 '이름 상자'에 **전화번호**를 입력하고 Enter 를 누른다.

⑥ [H4:H13] 영역을 범위 지정한 후 마우스 오른쪽 버튼을 눌러 [셀 서식]을 클릭한 후 [표시 형식] 탭에서 '사용자 지정'을 선택하고 @"@korcham.net"를 입력하고 [확인]을 클릭한다.

⑦ [A3:I13] 영역을 범위 지정한 후 [홈]-[글꼴] 그룹에서 [테두리](⊞ ·) 도구의 [모든 테두리](⊞)를 클릭한다.

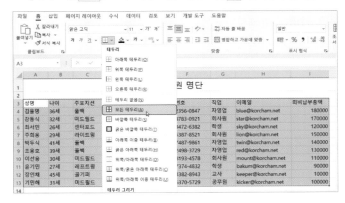

03 고급 필터

정답

	A	B	C	D	E	F	G	H
19								
20	성별	키						
21	여	>=160						
22								
23								
24	성명	성별	연령(대)	몸무게	키	혈압수치	BMI	
25	곽순영	여	30	70	160	135	27	
26	김숙영	여	30	60	163	126	23	
27	이명순	여	40	75	180	120	23	
28	이미나	여	30	65	165	125	24	
29	정인숙	여	40	73	161	136	28	
30								

① [A20:B21] 영역에 다음과 같이 조건을 입력한다.

② [데이터]-[정렬 및 필터] 그룹의 [고급](🏷)을 클릭하여 다음과 같이 지정하고 [확인]을 클릭한다.

- 결과 : '다른 장소에 복사'
- 목록 범위 : [A3:G18]
- 조건 범위 : [A20:B21]
- 복사 위치 : [A24]

01 총판매액[C3:C11]

정답

	A	B	C	D
1	[표1]	가전제품 판매현황		
2	제품코드	판매량	총판매액	
3	RT-21	31	108,500	
4	WD-35	21	31,500	
5	HQ-98	18	50,400	
6	AY-76	27	36,180	
7	HI-53	17	47,600	
8	RZ-88	34	119,000	
9	WP-20	26	39,000	
10	AO-27	29	38,860	
11	RC-28	12	42,000	
12				

[C3] 셀에 =B3*VLOOKUP(LEFT(A3,1),$E$4:$G$7,3,0)를 입력하고 [C11] 셀까지 수식을 복사한다.

함수 설명

❶ LEFT(A3,1) : [A3] 셀에서 왼쪽의 한 글자를 추출함

❷ VLOOKUP(❶,$E$4:$G$7,3,0) : ❶의 값을 [E4:G7] 영역의 첫 번째 열에서 찾아 3번째 열의 값을 찾아옴

=B3*❷ : [B3] 셀의 값에 ❷의 값을 곱하여 표시

02 회사출근일[L3:L11]

정답

	I	J	K	L	M
1	[표2]	여름 휴가 일정표			
2	성명	휴가시작일	휴가일수	회사출근일	
3	고소은	2025-07-25	7	2025-08-05	
4	박철수	2025-08-01	5	2025-08-08	
5	김재영	2025-07-24	6	2025-08-01	
6	나빛나	2025-08-10	4	2025-08-14	
7	최순애	2025-08-15	8	2025-08-27	
8	강철준	2025-07-30	9	2025-08-12	
9	이주아	2025-07-28	6	2025-08-05	
10	최현경	2025-08-02	5	2025-08-08	
11	김한성	2025-08-05	4	2025-08-11	
12					

[L3] 셀에 =WORKDAY(J3,K3)를 입력하고 [L11] 셀까지 수식을 복사한다.

03 비고[E15:E23]

정답

	A	B	C	D	E	F
13	[표3]	중고차동차 목록		기준거리	60,000	
14	모델	연식	정비	주행거리	비고	
15	오3245	2017년 9월		135,000		
16	투5643	2021년 3월	보증	66,000	상급	
17	기6754	2015년 11월		113,000		
18	그3425	2023년 10월		54,000	최상급	
19	에8907	2022년 12월	보증	25,000	최상급	
20	그5813	2021년 10월		64,000	상급	
21	카4532	2019년 3월	보증	86,000		
22	엑6754	2016년 5월	보증	70,000	상급	
23	산7653	2018년 9월		145,000		
24						

[E15] 셀에 =IF(D15-$E$13<=0,"최상급",IF(D15-$E$13<=20000,"상급",""))를 입력하고 [E23] 셀까지 수식을 복사한다.

04 아이디[I15:I23]

정답

	G	H	I	J	K	L
13	[표4]	상급 수영 회원 명단				
14	성명	주소	아이디	가입 E-메일		
15	기성훈	서초동	gisung11	gisung11@hanmail.com		
16	피영철	양재동	piyung22	piyung22@naver.com		
17	소나무	방배동	sona44	sona44@nate.com		
18	참나무	우면동	tree99	tree99@gmail.com		
19	벽오동	서초동	odong55	odong55@daum.net		
20	고구마	양재동	gogu88	gogu88@hanamil.net		
21	면라면	서초동	lamen33	lamen33@naver.com		
22	돈피그	양재동	dongpi77	dongpi77@daum.net		
23	박철수	방배동	pchsu66	pchsu66@gmail.com		
24						

[I15] 셀에 =MID(J15,1,SEARCH("@",J15,1)-1)를 입력하고 [I23] 셀까지 수식을 복사한다.

함수 설명

❶ SEARCH("@",J15,1) : '@'를 [J15] 셀의 첫 번째 위치부터 찾아 시작 위치를 구함

=MID(J15,1,❶-1) : [J15] 셀에서 왼쪽에서부터 ❶-1 글자수만큼 추출함

05 여학생 수학 평균점수[G27]

정답

	A	B	C	D	E	F	G	H	I
25	[표5]	기말고사 성적표							
26	성명	성별	국어	영어	수학		여학생 수학 평균점수		
27	이한우	남	90	95	96		87점		
28	김금순	여	75	72	74				
29	김종규	남	85	89	90				
30	안영자	여	97	90	96				
31	서은구	남	70	73	72				
32	김규환	남	98	93	90				
33	김은진	여	95	99	96				
34	윤향기	여	81	82	84				
35	김필승	남	75	74	75				
36	한성수	남	78	79	79				
37									

[G27] 셀에 =TRUNC(AVERAGEIF(B27:B36,"여",E27:E36))&"점"를 입력한다.

함수 설명

❶ AVERAGEIF(B27:B36,"여",E27:E36) : [B27:B26] 영역에서 '여'를 찾아 [E27:E36] 영역의 평균을 구함

=TRUNC(❶)&"점" : ❶의 결과 값에 소수점을 제거하고 정수 부분만 남김 값에 '점'을 붙여서 표시

01 데이터 통합

정답

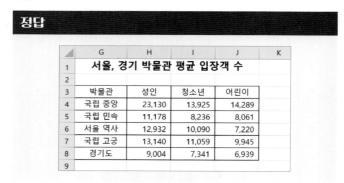

① [G3:J8] 영역을 범위 지정한 후 [데이터]–[데이터 도구] 탭의 [통합](📊)을 클릭한다.
② [통합]에서 '함수'는 '평균', '모든 참조 영역'은 [B3:E23] 영역을 추가한 후 '사용할 레이블'은 '첫 행', '왼쪽 열'을 체크하고 [확인]을 클릭한다.

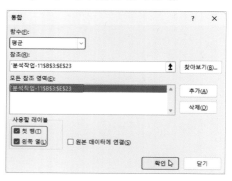

02 시나리오

정답

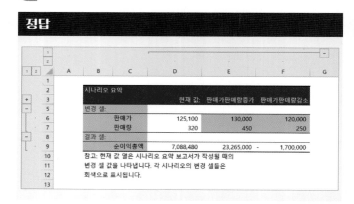

① [B6] 셀을 클릭하고 '이름 상자'에 **판매가**를 입력하고 [Enter]를 누른다.

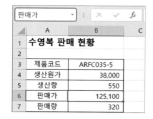

② 같은 방법으로 [B7] 셀은 **판매량**, [B15] 셀은 **순이익총액**으로 이름을 정의한다.
③ [B6:B7] 영역을 범위 지정한 후 [데이터]–[예측] 탭의 [가상 분석]–[시나리오 관리자]를 클릭한다.

④ [시나리오 관리자]에서 [추가]를 클릭한다.
⑤ [시나리오 추가]에서 '시나리오 이름'은 **판매가판매량증가**를 입력하고, '변경 셀'은 [B6:B7] 영역을 지정한 후 [확인]을 클릭한다.

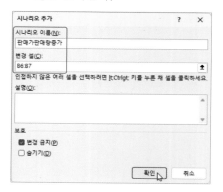

⑥ [시나리오 값]에서 '판매가'에 130000, '판매량'에 450을
　입력한 후 [추가]를 클릭한다.

⑦ [시나리오 추가]에서 '시나리오 이름'은 **판매가판매량감소**
　를 입력하고, '변경 셀'은 [B6:B7] 영역을 지정한 후 [확
　인]을 클릭한다.

⑧ [시나리오 값]에서 '판매가'에 120000, '판매량'에 250을
　입력한 후 [확인]을 클릭한다.

⑨ [시나리오 관리자]에서 [요약]을 클릭하고, [시나리오 요
　약]에서 '결과 셀'에 [B15] 셀을 지정하고 [확인]을 클릭
　한다.

01 매크로

정답

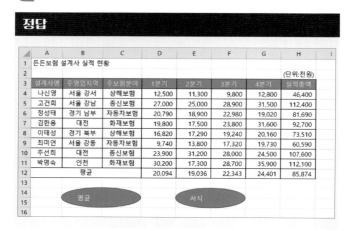

① [개발 도구]-[코드] 그룹의 [매크로 기록](📷)을 클릭한다.
② 매크로 이름에 **평균**을 입력하고 [확인]을 클릭한다.

③ [D12] 셀에 =AVERAGE(D4:D11)을 입력하고 채우기 핸들을 이용하여 [H12] 셀까지 수식을 복사한다.
④ [개발 도구]-[코드] 그룹의 [기록 중지](□)를 클릭한다.
⑤ [삽입]-[일러스트레이션] 그룹의 [도형]-[기본 도형]의 '타원'(○)을 클릭하여 [B14:C15] 영역에 **Alt**를 누른 채 드래그하여 그린다.

⑥ '타원'(○) 도형에 **평균**을 입력한 후, '평균' 도형의 경계 라인에서 마우스 오른쪽 버튼을 눌러 [매크로 지정]을 클릭한다.

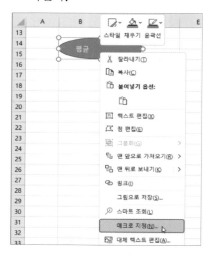

⑦ '평균'을 선택하고 [확인]을 클릭한다.
⑧ [개발 도구]-[코드] 그룹의 [매크로 기록](📷)을 클릭한다.
⑨ 매크로 이름은 **서식**을 입력하고 [확인]을 클릭한다.
⑩ [A3:H3] 영역을 범위 지정한 후 [홈]-[스타일] 그룹에서 [셀 스타일]의 '녹색, 강조색 6'을 선택한다.

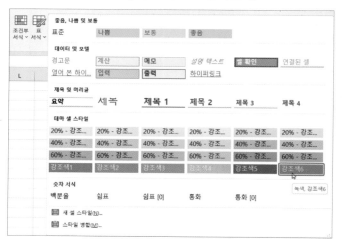

⑪ [개발 도구]-[코드] 그룹의 [기록 중지](□)를 클릭한다.
⑫ [삽입]-[일러스트레이션] 그룹의 [도형]-[기본 도형]의 '타원'(○)을 클릭하여 [E14:F15] 영역에 **Alt**를 누른 채 드래그하여 그린다.
⑬ '타원'(○) 도형에 **서식**을 입력한 후, '서식' 도형의 경계 라인에서 마우스 오른쪽 버튼을 눌러 [매크로 지정]을 클릭한다.
⑭ '서식'을 선택하고 [확인]을 클릭한다.

02 차트

정답

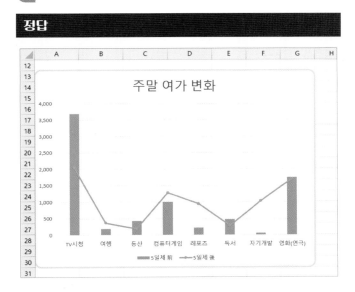

① 차트에서 마우스 오른쪽 버튼을 눌러 [데이터 선택]을 클릭한다.
② '번호' 계열을 선택한 후 [제거]를 클릭한 후 '가로 항목(축) 레이블'의 [편집]을 클릭한다.

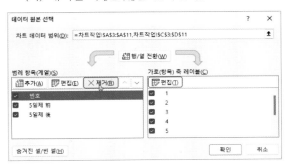

③ [축 레이블]에서 [B4:B11] 영역을 선택하고 [확인]을 클릭하고 [데이터 원본 선택]에서 [확인]을 클릭한다.

④ 차트를 선택한 후 [차트 요소]([+])에서 '차트 제목'을 체크한 후 **주말 여가 변화**를 입력한다.

⑤ 차트 제목을 선택한 후 [홈]-[글꼴] 그룹에서 크기 '20'으로 지정한다.
⑥ '5일제後' 계열에서 오른쪽 버튼을 클릭한 후 [계열 차트 종류 변경]을 클릭한다.

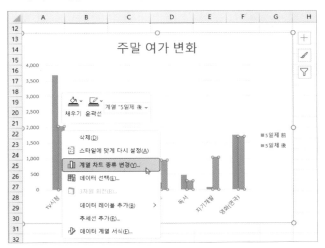

⑦ [차트 종류 변경]에서 '꺾은선형'의 '표식이 있는 꺾은선형'을 선택하고 [확인]을 클릭한다.
⑧ 차트를 선택한 후 [차트 요소]([+])에서 [범례]-[아래쪽]을 클릭한다.
⑨ 차트 영역에서 마우스 오른쪽 버튼을 누르고 [차트 영역 서식]을 클릭한다.
⑩ [차트 영역 서식]에서 '테두리 스타일'에서 너비 '3'을 선택하고, '둥근 모서리'를 체크하고 [닫기]를 클릭한다.

실전 모의고사 05회

프로그램명	소요시간	합격 점수
EXCEL 2021	40분	70점

수험번호 :

성 명 :

유의사항

■ 인적 사항 누락 및 잘못 작성으로 인한 불이익은 수험자 책임으로 합니다.

■ 화면에 암호 입력창이 나타나면 아래의 암호를 입력하여야 합니다.
  ○ 암호: 6845%3

■ 작성된 답안은 주어진 경로 및 파일명을 변경하지 마시고 그대로 저장해야 합니다. 이를 준수하지 않으면 실격 처리됩니다.
  ○ 답안 파일명의 예: C:₩OA₩수험번호8자리.xlsm

■ 외부데이터 위치: C:₩OA₩파일명

■ 별도의 지시사항이 없는 경우, 다음과 같이 처리 시 실격 처리됩니다.
  ○ 제시된 시트 및 개체의 순서나 이름을 임의로 변경한 경우
  ○ 제시된 시트 및 개체를 임의로 추가 또는 삭제한 경우
  ○ 외부데이터를 시험 시작 전에 열어본 경우

■ 답안은 반드시 문제에서 지시 또는 요구한 셀에 입력하여야 하며 다음과 같이 처리 시 채점 대상에서 제외됩니다.
  ○ 제시된 함수가 있을 경우 제시된 함수만을 사용하여야 하며 그 외 함수사용시 채점대상에서 제외
  ○ 수험자가 임의로 지시하지 않은 셀의 이동, 수정, 삭제, 변경 등으로 인해 셀의 위치 및 내용이 변경된 경우 해당 작업에 영향을 미치는 관련문제 모두 채점 대상에서 제외
  ○ 도형 및 차트의 개체가 중첩되어 있거나 동일한 계산결과 시트가 복수로 존재할 경우 해당 개체나 시트는 채점 대상에서 제외

■ 수식 작성 시 제시된 문제 파일의 데이터는 변경 가능한(가변적) 데이터임을 감안하여 문제 풀이를 하시오.

■ 별도의 지시사항이 없는 경우, 주어진 각 시트 및 개체의 설정값 또는 기본 설정값 (Default)으로 처리하시오.

■ 저장 시간은 별도로 주어지지 않으므로 제한된 시간 내에 저장을 완료해야 하며, 제한 시간 내에 저장이 되지 않은 경우에는 실격 처리됩니다.

■ 출제된 문제의 용어는 MS Office LTSC Professional Plus 2021 기준으로 작성되어 있습니다.

대 한 상 공 회 의 소

01 '기본작업-1' 시트에 다음의 자료를 주어진 대로 입력하시오. (5점)

	A	B	C	D	E	F	G	H
1	문화센터 강좌							
2								
3	지점	강좌코드	강좌명	강사명	강좌기간	수강료	수강인원	
4	송파점	10010	스트레스 NO! 행복한 노래교실	서인석	03.06 ~ 05.22	40000	20	
5	잠실점	12063	한국의 美~ 한국무용	김동민	03.03 ~ 05.26	60000	15	
6	영등포점	15030	건강생활 힐링 & 다이어트 요가	김명옥	03.02 ~ 05.18	70000	15	
7	구로점	18901	퓨전 라인댄스	배경란	03.05 ~ 05.21	90000	25	
8	중계점	14290	숙면에 좋은 몸과 마음의 명상 & 힐링	윤진희	03.08 ~ 05.26	80000	20	
9	수지점	20178	연필과 파스텔 인물화	최지미	03.07 ~ 05.23	100000	20	
10	안산점	26981	보테니컬아트(꽃그림 그리기)	강은경	03.04 ~ 05.20	100000	10	
11	계양점	22560	하와이언 미니기타! 우쿨렐레	김명희	03.09 ~ 05.27	80000	15	
12	안성점	27097	아름다운 감성글씨! 캘리그라피	박준근	03.05 ~ 05.21	64000	30	
13								

02 '기본작업-2' 시트에 대하여 다음의 지시사항을 처리하시오. (각 2점)

① [B1:H1] 영역은 '병합하고 가운데 맞춤', 크기 20, 글꼴 색 '표준 색 – 자주'로 지정하시오.

② [B4:B6], [B7:B9], [B10:B12] 영역은 '병합하고 가운데 맞춤', 글꼴 스타일 '굵게'로 지정하시오.

③ [E4:E12], [G4:G12] 영역은 사용자 지정 서식을 이용하여 천 단위 구분 기호를 지정하고 숫자 뒤에 "천원"을 표시하되, 셀 값이 0일 경우에는 "0천원"으로 표시하시오. [표시 예 : 1000 → 1,000천원]

④ [D3] 셀의 "제품명"을 한자 "製品名"으로 변환하시오.

⑤ [B3:H12] 영역은 '모든 테두리'(⊞)를 적용하여 표시하시오.

03 '기본작업-3' 시트에 대하여 다음의 지시사항을 처리하시오. (5점)

'사원 현황' 표에서 부서명이 "영업부" 이거나 성별이 "남"인 데이터를 고급 필터를 사용하여 검색하시오.

▶ 고급 필터 조건은 [A16:D19] 범위 내에 알맞게 입력하시오.

▶ 고급 필터 결과 복사 위치는 동일 시트의 [A20] 셀에서 시작하시오.

계산작업(40점) **'계산작업'** 시트에서 다음 과정을 수행하고 저장하시오.

01 [표1]에서 성적의 순위를 구하여 1등이면 '★★★', 2등이면 '★★', 3등이면 '★'로 표시하고 나머지는 공백으로 비고 [D3:D10] 영역에 표시하시오. (8점)

  ▶ IFERROR, CHOOSE, RANK.EQ 함수 사용

02 [표2]에서 품목명과 품목코드를 이용하여 품목별 단가표[F10:J11]를 참조하여 금액[I3:I7] 영역에 계산하여 표시하시오. (8점)

  ▶ 〈품목별 단가표〉의 품목은 품목명에 품목코드의 세 번째 코드를 연결하여 참조
  ▶ 금액 = 단가 * 수량
  ▶ HLOOKUP, MID 함수와 & 연산자 사용

03 [표3]에서 전기 사용량[C14:C22]이 가장 많은 사용자명[A14:A22]을 찾아 [C25] 셀에 표시하시오. (8점)

  ▶ INDEX, MATCH, MAX 함수 사용

04 [표4]의 중간, 수행, 기말의 표준편차가 전체 [G15:I21]의 표준편차 이상이면 "평균점수 이상"을 이외에는 공백을 비고 [J15:J21]에 표시하시오. (8점)

  ▶ IF와 STDEV.S 함수 사용

05 [표5]에서 주민등록번호의 8번째 글자가 홀수이면 '남자', 짝수이면 '여자'로 성별[D29:D36] 영역에 표시하시오. (8점)

  ▶ IF, MOD, MID 함수 사용

분석작업(20점) **주어진 시트에서 다음 과정을 수행하고 저장하시오.**

01 '분석작업-1' 시트에 대하여 다음의 지시사항을 처리하시오. (10점)

'대리점별 매출 현황' 표를 이용하여 대리점은 '행', 차종은 '열'로 처리하고, '값'에 목표량, 판매량, 목표액, 매출액의 합계를 계산한 후 'Σ 값'을 '행'으로 설정하는 피벗 테이블을 작성하시오.
  ▶ 피벗 테이블 보고서는 동일 시트의 [A23] 셀에서 시작하시오.
  ▶ 값 영역의 표시 형식은 '셀 서식' 대화상자에서 '숫자' 범주의 '1000 단위 구분 기호 사용'을 이용하여 지정하시오.

02 '분석작업-2' 시트에 대하여 다음의 지시사항을 처리하시오. (10점)

데이터 통합 기능을 이용하여 [표1], [표2], [표3]에 대한 제품명별 '판매가', '수량', '판매액'의 평균을 '전자제품별 판매 현황(1/4분기)' 표의 [F10] 셀부터 시작하여 표시하시오.

01 '매크로작업' 시트에서 다음과 같은 기능을 수행하는 매크로를 현재 통합 문서에 작성하고 실행하시오. (각 5점)

① [A3:A4], [B3:C3], [D3:E3], [F3:G3]을 '병합하고 가운데 맞춤'으로 지정하는 매크로를 생성하여 실행하시오.
  ▶ 매크로 이름 : 병합서식
  ▶ [도형] → [사각형]의 '사각형: 둥근 모서리'(□)를 동일 시트의 [B13:C14] 영역에 생성한 후 텍스트를 "병합서식"으로 입력하고, 도형을 클릭할 때 '병합서식' 매크로가 실행되도록 설정하시오.
② [B11:G11] 영역에 합계를 계산하는 매크로를 생성하여 실행하시오.
  ▶ 매크로 이름 : 합계
  ▶ SUM 함수 사용
  ▶ [개발 도구] → [삽입] → [양식 컨트롤]의 '단추'(□)를 동일 시트의 [E13:F14] 영역에 생성한 후 텍스트를 "합계"로 입력하고, 단추를 클릭할 때 '합계' 매크로가 실행되도록 설정하시오.
※ 셀 포인터의 위치에 상관없이 현재 통합 문서에서 매크로가 실행되어야 정답으로 인정됨

02 '기타작업' 시트에서 다음 지시사항에 따라 〈그림〉과 같이 차트를 수정하시오. (각 2점)

※ 차트는 반드시 문제에서 제공한 차트를 사용하여야 하며, 신규로 작성 시 0점 처리됨
① '상식' 점수 데이터가 차트에 표시되도록 데이터 범위를 추가하고, 행/열 전환을 수행하시오.
② 차트 제목과 축 제목은 〈그림〉과 같이 입력하시오.
③ 모든 계열에 데이터 레이블 '값(바깥쪽 끝에)'을 지정하시오.
④ 범례는 위쪽에 배치하고, 도형 스타일 '미세 효과 – 파랑, 강조1'로 지정하시오.
⑤ 차트 영역의 테두리 스타일은 '둥근 모서리'로 지정하시오.

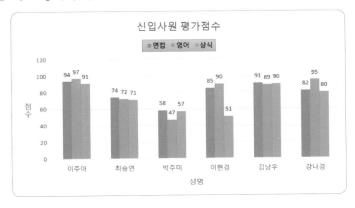

문제1　기본작업

01　자료 입력

정답

	A	B	C	D	E	F	G	H
1	문화센터 강좌							
2								
3	지점	강좌코드	강좌명	강사명	강좌기간	수강료	수강인원	
4	송파점	10010	스트레스 NO! 행복한 노래교실	서언석	03.06 ~ 05.22	40000	20	
5	잠실점	12063	한국의 美~ 한국무용	김동민	03.03 ~ 05.26	60000	15	
6	영등포점	15030	건강생활 힐링 & 다이어트 요가	김명옥	03.02 ~ 05.18	70000	15	
7	구로점	18901	퓨전 라인댄스	배경란	03.05 ~ 05.21	90000	25	
8	중계점	14290	숙면에 좋은 몸과 마음의 명상 & 힐링	윤진희	03.08 ~ 05.26	80000	20	
9	수지점	20178	연필과 파스텔 인물화	최지미	03.07 ~ 05.23	100000	20	
10	안산점	26981	보테니컬아트(꽃그림 그리기)	강은경	03.04 ~ 05.20	100000	10	
11	계양점	22560	하와이언 미니기타! 우쿨렐레	김명희	03.09 ~ 05.27	80000	15	
12	안성점	27097	아름다운 감성글씨! 캘리그라피	박준근	03.05 ~ 05.21	64000	30	
13								

[A3:G12] 셀까지 문제를 보고 오타 없이 작성한다.

02　서식 지정

정답

	A	B	C	D	E	F	G	H	I
1				가전 제품 판매 현황					
2							(금액 : 천원)		
3		월별	지점명	제품명	판매단가	판매수량	판매금액	이익율	
4			북부	에어컨	786천원	25	19,650천원	23%	
5		4월	남부	냉장고	567천원	23	13,041천원	18%	
6			중부	TV	453천원	34	15,402천원	21%	
7			북부	에어컨	786천원	45	35,370천원	23%	
8		5월	남부	냉장고	567천원	34	19,278천원	18%	
9			중부	TV	453천원	43	19,479천원	21%	
10			북부	에어컨	786천원	34	26,724천원	23%	
11		6월	남부	냉장고	567천원	23	13,041천원	18%	
12			중부	TV	453천원	36	16,308천원	21%	
13									

① [B1:H1] 영역을 범위 지정한 후 [홈]-[맞춤] 그룹에서 [병합하고 가운데 맞춤](圆)을 클릭하고, [글꼴] 그룹에서 크기 '20', 글꼴 색 '표준 색 – 자주'를 선택한다.

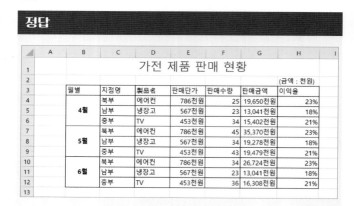

② [B4:B6], [B7:B9], [B10:B12] 영역을 Ctrl 을 이용하여 범위 지정한 후 [홈]-[맞춤] 그룹에서 [병합하고 가운데 맞춤](圆)을 클릭하고, [글꼴] 그룹에서 '굵게'를 선택한다.

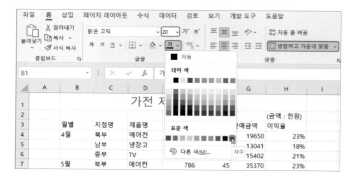

③ [E4:E12], [G4:G12] 영역을 Ctrl 을 이용하여 범위 지정한 후 마우스 오른쪽 버튼을 눌러 [셀 서식]을 클릭하여 [표시 형식] 탭에서 '사용자 지정'을 선택하고 #,##0"천원"를 입력하고 [확인]을 클릭한다.

④ [D3] 셀 '명' 뒤에서 더블 클릭한 후 키보드의 한자 를 누른 후 '製品'을 선택한 후 [변환]을 클릭하고, 다시 한번 '名'을 선택한 후 [변환]을 클릭한다.

⑤ [B3:H12] 영역을 범위 지정한 후 [홈]-[글꼴] 그룹에서 [테두리](⊞ ﹀) 도구의 [모든 테두리](田)를 클릭한다.

03 고급 필터

정답

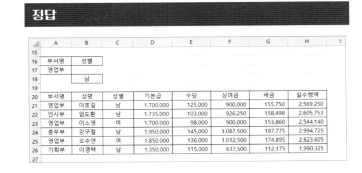

	A	B	C	D	E	F	G	H	I
15									
16	부서명	성별							
17	영업부								
18		남							
19									
20	부서명	성명	성별	기본급	수당	상여금	세금	실수령액	
21	영업부	이호길	남	1,700,000	125,000	900,000	155,750	2,569,250	
22	인사부	임도환	남	1,735,000	103,000	926,250	158,498	2,605,753	
23	영업부	이소영	여	1,700,000	98,000	900,000	153,860	2,544,140	
24	총무부	강구철	남	1,950,000	145,000	1,087,500	187,775	2,994,725	
25	영업부	오수연	여	1,850,000	136,000	1,012,500	174,895	2,823,605	
26	기획부	이영택	남	1,350,000	115,000	637,500	112,175	1,990,325	
27									

① [A16:B18] 영역에 다음과 같이 조건을 입력한다.

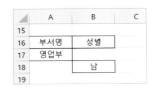

	A	B	C
15			
16	부서명	성별	
17	영업부		
18		남	
19			

② [데이터]-[정렬 및 필터] 그룹의 [고급]을 클릭하여 다음과 같이 지정하고 [확인]을 클릭한다.

- 결과 : '다른 장소에 복사'
- 목록 범위 : [A3:H14]
- 조건 범위 : [A16:B18]
- 복사 위치 : [A20]

01 3위점수[D3]

정답

	A	B	C	D	E
1	[표1]	성적현황			
2	이름	학과	성적	비고	
3	강소영	전자과	89.5		
4	이소영	기계과	91.6	★★	
5	현숭수	기계과	85.4		
6	나하나	경영과	90.5	★	
7	장하나	경영과	93.6	★★★	
8	김장희	기계과	83.4		
9	이문성	경영과	78.5		
10	문혜성	전자과	81.7		
11					

[D3] 셀에 =IFERROR(CHOOSE(RANK.EQ(C3,$C$3:$C$10),"★★★","★★","★"),"")을 입력하고 [D10] 셀까지 수식을 복사한다.

함수 설명

❶ RANK.EQ(C3,$C$3:$C$10) : [C3] 셀의 값을 [C3:C10] 영역에서 순위를 구함

❷ CHOOSE(❶,"★★★","★★","★") : ❶의 값이 1이면 '★★★', 2이면 '★★', 3이면 '★'로 표시

=IFERROR(❷,"") : ❷의 값의 오류가 있다면 공백으로 표시

02 금액[I3:I7]

정답

	F	G	H	I	J	K
1	[표2]	판매 현황				
2	품목코드	품목명	수량	금액		
3	3-T-001	프린터	5	1,170,500		
4	4-P-324	용지	35	343,000		
5	2-O-456	USB	120	600,000		
6	9-S-345	스피커	12	780,000		
7	7-I-556	잉크	18	810,000		
8						
9			품목별 단가표			
10	프린터T	용지P	USBO	스피커S	잉크I	
11	234,100	9,800	5,000	65,000	45,000	
12						

[I3] 셀에 =HLOOKUP(G3&MID(F3,3,1),$F$10:$J$11,2,FALSE)*H3을 입력하고 [I7] 셀까지 수식을 복사한다.

함수 설명

❶ MID(F3,3,1) : [F3] 셀에서 왼쪽에서부터 3번째부터 1글자를 추출함

❷ HLOOKUP(G3&❶,$F$10:$J$11,2,FALSE) : [G3] 셀과 ❶을 연결한 후 [F10:J11] 영역의 첫 번째 행에서 찾아 같은 열의 2번째 행의 값을 찾아옴

=❷*H3 : ❷의 값에 [H3] 셀을 곱하여 표시

03 영업용 전기요금 평균[C25]

정답

⊿	A	B	C	D	E
12	[표3]	전기 사용 현황			
13	사용자명	구분	사용량	전기요금	
14	장하나	영업용	678	135,600	
15	이윤수	가정용	534	106,800	
16	장명식	산업용	1,234	246,800	
17	김선희	산업용	1,090	218,000	
18	김은정	가정용	689	137,800	
19	강명수	영업용	532	106,400	
20	이영구	가정용	966	193,200	
21	윤수인	산업용	1,345	269,000	
22	최이선	영업용	775	155,000	
23					
24			사용량이 많은 사용자		
25			윤수인		
26					

[C25] 셀에 =INDEX(A14:A22,MATCH(MAX(C14:C22),
C14:C22,0))을 입력한다.

함수 설명

❶ MAX(C14:C22) : [C14:C22] 영역의 최대값을 구함
❷ MATCH(❶,C14:C22,0) : ❶ 값을 [C14:C22] 영역에서 몇 번째 위치하는지를 숫자로 반환

=INDEX(A14:A22,❷) : [A14:A22] 영역에서 2번째 행에 있는 값을 찾아서 표시

04 비고[J15:J21]

정답

⊿	F	G	H	I	J	K
13	[표4]	1학기 국어 성적				
14	성명	중간	수행	기말	비고	
15	김정훈	78.45	45.78	87.23	평균점수 이상	
16	오석현	88.79	87.34	90.45		
17	이영선	92.45	80.23	78.23		
18	임현재	88.45	77.54	98.56		
19	남정왕	88.66	89.12	89.54		
20	고문섭	90	90.23	77.45		
21	라동훈	48.54	94.35	67.79	평균점수 이상	
22						

[J15] 셀에 =IF(STDEV.S(G15:I15)>=STDEV.S($G$15:
$I$21),"평균점수 이상","")를 입력하고 [J21] 셀까지 수식을
복사한다.

05 부서명[C29:C36]

정답

⊿	A	B	C	D	E
27	[표5]	사원 현황			
28	사원번호	성명	주민등록번호	성별	
29	SA-23	배순용	950208-1******	남자	
30	TB-34	이길순	030504-4******	여자	
31	RC-11	하길주	960209-2******	여자	
32	YB-44	이선호	040904-3******	남자	
33	CC-22	강성수	011014-3******	남자	
34	AA-32	김보견	941017-2******	여자	
35	TB-13	천수만	880409-1******	남자	
36	SA-21	이성수	031124-4******	여자	
37					

[D29] 셀에 =IF(MOD(MID(C29,8,1),2)=1,"남자","여자")
을 입력하고 [D36] 셀까지 수식을 복사한다.

함수 설명

❶ MID(C29,8,1) : [C29] 셀에서 왼쪽에서부터 시작하여 8번째에 1 글자를 추출함
❷ MOD(❶,2) : ❶의 값을 2로 나눈 나머지를 구함

=IF(❷=1,"남자","여자") : ❷의 값이 1이면 '남자', 그 외는 '여자'로 표시

01 피벗 테이블

정답

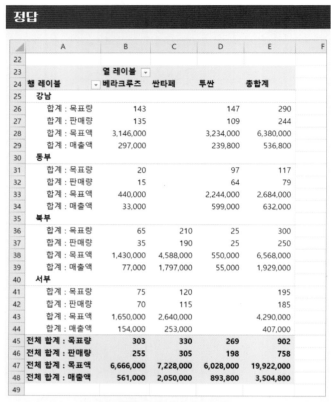

① 데이터 안쪽에 커서를 두고 [삽입]-[표] 탭의 [피벗 테이블](📊)을 클릭한다.
② [피벗 테이블 만들기]에서 '표/범위'는 [A3: G20], '기존 워크시트' [A23]을 지정하고 [확인]을 클릭한다.

③ 다음 그림과 같이 '차종' 필드는 '열', '대리점' 필드는 '행', '목표량', '판매량', '목표액', '매출액' 필드는 '값'으로 드래그한다. 열 레이블에 있는 'Σ값' 필드는 행으로 드래그한다.

④ 합계 : 목표량[A26] 셀에서 마우스 오른쪽 버튼을 눌러 [값 필드 설정]을 클릭한다.

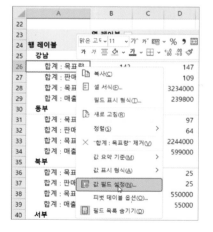

⑤ [값 필드 설정]에서 [표시 형식]을 클릭한 후 [셀 서식]에서 '숫자'를 선택한 후 '1000 단위 구분 기호(,) 사용'을 체크하고 [확인]을 클릭한다.
⑥ 같은 방법으로 '합계 : 판매량', '합계 : 목표액', '합계 : 매출액'도 '1000 단위 구분 기호'를 표시한다.

02 데이터 통합

	E	F	G	H	I	J
8						
9		전자제품별 판매 현황(1/4분기)				
10		제품명	판매가	수량	판매액	
11		MP3	100,000	42	4,200,000	
12		제습기	320,000	54	17,100,000	
13		스팀다리미	96,500	43	4,087,000	
14		전자레인지	120,000	34	4,020,000	
15		미니튀김기	90,000	45	4,050,000	
16		침구청소기	117,500	31	3,590,000	
17		로봇청소기	550,000	49	26,600,000	

① [F10] 셀을 선택한 후 [데이터]-[데이터 도구] 탭의 [통합](📋)을 클릭한다.

② [통합]에서 '함수'는 '평균', '모든 참조 영역'은 [A2:D7], [A10:D15], [A18:D23] 영역에 추가한 후 '사용할 레이블'은 '첫 행', '왼쪽 열'을 체크하고 [확인]을 클릭한다.

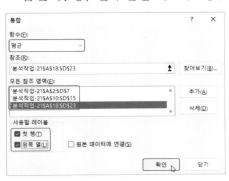

01 매크로

정답

	A	B	C	D	E	F	G	H
1			서점별 1/4분기 도서 매출 현황					
2								
3	서점명	1월		2월		3월		
4		목표량	판매량	목표량	판매량	목표량	판매량	
5	상공서적	631,000	750,000	876,000	500,000	936,000	1,030,000	
6	영진문고	1,576,000	1,950,000	1,235,000	1,350,000	1,158,900	1,285,000	
7	대한문고	998,000	580,000	1,025,400	1,200,000	776,800	900,000	
8	경기서적	1,234,000	1,000,000	885,000	950,000	1,058,900	1,000,000	
9	영광문고	754,000	950,000	668,000	750,000	867,000	1,200,000	
10	서울서적	1,125,000	1,200,000	987,000	1,200,000	848,000	580,000	
11	합계	6,318,000	6,430,000	5,676,400	5,950,000	5,645,600	5,995,000	
12								
13		병합서식				합계		
14								
15								

① [개발 도구]–[코드] 그룹의 [매크로 기록](📷)을 클릭한다.
② 매크로 이름에 **병합서식**을 입력하고 [확인]을 클릭한다.

③ [A3:A4], [B3:C3], [D3:E3], [F3:G3] 영역을 [Ctrl]을 이용하여 선택한 후 [홈]–[맞춤] 그룹의 [병합하고 가운데 맞춤](國)을 클릭한다.

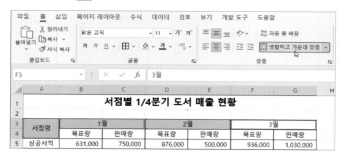

④ [개발 도구]–[코드] 그룹의 [기록 중지](☐)를 클릭한다.

⑤ [삽입]–[일러스트레이션] 그룹의 [도형]–[사각형]의 '사각형: 둥근 모서리'(☐)를 클릭하여 [B13:C14] 영역에 [Alt]를 누른 채 드래그하여 그린다.

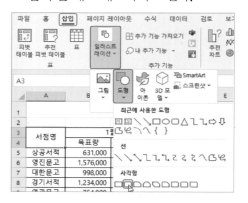

⑥ '사각형: 둥근 모서리'(☐) 도형에 **병합서식**을 입력한 후, '병합서식' 도형의 경계라인에서 마우스 오른쪽 버튼을 눌러 [매크로 지정]을 클릭한다.
⑦ '병합서식'을 선택하고 [확인]을 클릭한다.
⑧ [개발 도구]–[코드] 그룹의 [매크로 기록](📷)을 클릭한다.
⑨ 매크로 이름은 **합계**를 입력하고 [확인]을 클릭한다.
⑩ [B5:G11] 영역을 범위 지정한 후 [수식]–[함수 라이브러리] 그룹에서 [자동 합계](∑) 도구를 클릭한다.

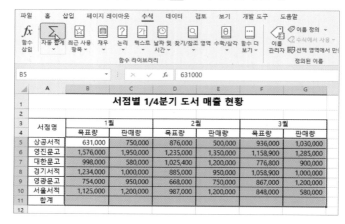

⑪ [개발 도구]–[코드] 그룹의 [기록 중지](☐)를 클릭한다.
⑫ [개발 도구]–[컨트롤] 그룹의 [삽입]–[양식 컨트롤]에서 '단추'(☐)를 클릭하여 [E13:F14] 영역에 [Alt]를 누른 채 드래그하여 그린다.
⑬ [매크로 지정]에서 '합계'를 선택하고 [확인]을 클릭한다.
⑭ 단추에 **합계**를 입력한다.

02 차트

정답

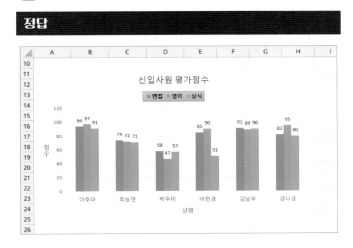

① 차트에서 마우스 오른쪽 버튼을 눌러 [데이터 선택]을 클릭한다.
② 차트 데이터 범위를 기존 범위를 삭제하고 [A3:D9]로 수정한 후, [행/열 전환]을 클릭한다.

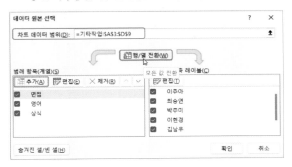

③ 차트를 선택한 후 [차트 요소](⊞)에서 '차트 제목'을 체크한 후 **신입사원 평가점수**를 입력한다.

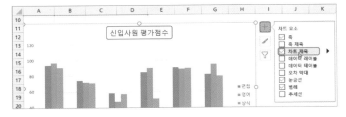

④ [차트 요소](⊞)에서 [축 제목]– [기본 가로]를 체크한 후 **성명**을 입력한다.
⑤ [차트 요소](⊞)에서 [축 제목]–[기본 세로]를 체크한 후 **점수**를 입력한다.

⑥ 축 제목 '점수'를 선택한 후 마우스 오른쪽 버튼을 눌러 [축 제목 서식]을 클릭한 후 [축 제목 서식]–[제목 옵션]–[크기 및 속성]의 '맞춤'에서 '텍스트 방향'을 '세로'를 선택한다.

⑦ 차트를 선택한 후 [차트 요소](⊞)에서 [데이터 레이블]–[바깥쪽 끝에]를 클릭한다.

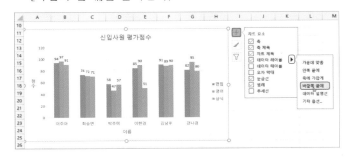

⑧ 차트를 선택한 후 [차트 요소](⊞)에서 [범례]–[위쪽]을 클릭한다.

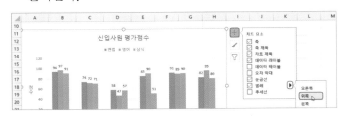

⑨ 범례를 선택한 후 [차트 도구]–[서식] 탭에서 [도형 스타일]을 '미세 효과 – 파랑, 강조 1'을 클릭한다.
⑩ 차트 영역을 선택한 후 [차트 영역 서식]–[차트 옵션]–[채우기 및 선]에서 '테두리'의 '둥근 모서리'를 체크한다.

실전 모의고사 06회

프로그램명	소요시간	합격 점수
EXCEL 2021	40분	70점

수험번호 :

성   명 :

·· **유의사항** ··

- 인적 사항 누락 및 잘못 작성으로 인한 불이익은 수험자 책임으로 합니다.

- 화면에 암호 입력창이 나타나면 아래의 암호를 입력하여야 합니다.
  - 암호: 6845%3

- 작성된 답안은 주어진 경로 및 파일명을 변경하지 마시고 그대로 저장해야 합니다. 이를 준수하지 않으면 실격 처리됩니다.
  - 답안 파일명의 예: C:₩OA₩수험번호8자리.xlsm

- 외부데이터 위치: C:₩OA₩파일명

- 별도의 지시사항이 없는 경우, 다음과 같이 처리 시 실격 처리됩니다.
  - 제시된 시트 및 개체의 순서나 이름을 임의로 변경한 경우
  - 제시된 시트 및 개체를 임의로 추가 또는 삭제한 경우
  - 외부데이터를 시험 시작 전에 열어본 경우

- 답안은 반드시 문제에서 지시 또는 요구한 셀에 입력하여야 하며 다음과 같이 처리 시 채점 대상에서 제외됩니다.
  - 제시된 함수가 있을 경우 제시된 함수만을 사용하여야 하며 그 외 함수사용시 채점대상에서 제외
  - 수험자가 임의로 지시하지 않은 셀의 이동, 수정, 삭제, 변경 등으로 인해 셀의 위치 및 내용이 변경된 경우 해당 작업에 영향을 미치는 관련문제 모두 채점 대상에서 제외
  - 도형 및 차트의 개체가 중첩되어 있거나 동일한 계산결과 시트가 복수로 존재할 경우 해당 개체나 시트는 채점 대상에서 제외

- 수식 작성 시 제시된 문제 파일의 데이터는 변경 가능한(가변적) 데이터임을 감안하여 문제 풀이를 하시오.

- 별도의 지시사항이 없는 경우, 주어진 각 시트 및 개체의 설정값 또는 기본 설정값 (Default)으로 처리하시오.

- 저장 시간은 별도로 주어지지 않으므로 제한된 시간 내에 저장을 완료해야 하며, 제한 시간 내에 저장이 되지 않은 경우에는 실격 처리됩니다.

- 출제된 문제의 용어는 MS Office LTSC Professional Plus 2021 기준으로 작성되어 있습니다.

대 한 상 공 회 의 소

01 '기본작업-1' 시트에 다음의 자료를 주어진 대로 입력하시오. (5점)

	A	B	C	D	E	F	G
1	아이스링크 용품 재고 현황						
2							
3	용품코드	종목	용품명	브랜드	재고수량	추가 주문	
4	SKT-30	스피드 스케이팅	스케이트화-일반용	K2	24	추가 주문 필요	
5	UTM-20	스피드 스케이팅	스케이트화-선수용	울티마	11	추가 주문 필요	
6	SRD-40	쇼트트랙	스케이트화-일반용	리델	102	추가 주문 필요	
7	EST-35	쇼트트랙	스케이트화-선수용	이스턴	14	보유 재고 적정	
8	BAU-40	아이스하키	스케이트화-하키용	바우어	35	보유 재고 적정	
9	BAU-50	아이스하키	숄더	바우어	19	보유 재고 적정	
10	BAU-70	아이스하키	스틱	바우어	10	추가 주문 필요	
11	BSP-10	컬링	컬링화	밸런스플러스	45	추가 주문 필요	
12	GLD-20	컬링	컬링 브룸	골드라인	27	보유 재고 적정	
13	SPE-10	공통	헬멧	세이프	108	보유 재고 적정	
14							

02 '기본작업-2' 시트에 대하여 다음의 지시사항을 처리하시오. (각 2점)

① [A1:G1] 영역은 '병합하고 가운데 맞춤', 글꼴 '굴림', 글꼴 크기 '20', 글꼴 스타일 '굵게', 글꼴 색 '표준 색 – 파랑'으로 지정하시오.

② [G3] 셀에 입력된 문자열 '참가종목'을 한자 '參加種目'으로 변환하시오.

③ [D4:F23] 영역은 사용자 지정 표시 형식을 이용하여 천 단위 구분 기호와 숫자 뒤에 "명"을 [표시 예]와 같이 표시하시오. [표시 예 : 2000 → 2,000명, 0 → 0명]

④ [A23:C23] 영역은 '병합하고 가운데 맞춤'을, [A3:G3] 영역은 채우기 색을 '표준 색 – 연한 파랑'으로 지정하시오.

⑤ [A3:G3], [A4:C22] 영역은 텍스트 맞춤을 가로 '가운데'로 설정하고, [A3:G23] 영역은 '모든 테두리'(⊞)를 적용하여 표시하시오.

03 '기본작업-3' 시트에 대하여 다음의 지시사항을 처리하시오. (5점)

▶ [C4:C15] 영역의 체험코드에서 'K'가 포함된 셀에 배경색을 '표준 색 – 노랑'으로 지정하는 조건부 서식을 작성하시오.

▶ [F4:F15] 영역의 학생수에서 상위 3까지 글꼴 스타일 '굵은 기울임꼴', 글꼴 색은 '표준 색 – 파랑'으로 지정하는 조건부 서식을 작성하시오.

01 [표1]에서 국가명[C3:C12]의 첫 문자를 대문자로 변환하고, 팀명[D3:D12]의 전체 문자를 대문자로 변환하여 국가명(팀명)[E3:E12]에 표시하시오. (8점)

> ▶ [표시 예 : 국가명이 'sweden', 팀명이 'hasselborg'인 경우 'Sweden(HASSELBORG)'로 표시]
> ▶ UPPER, PROPER 함수와 & 연산자 사용

02 [표2]에서 K포인트[I3:I12]가 세 번째로 많은 회원을 찾아 회원명을 [J13] 셀에 표시하시오. (8점)

> ▶ VLOOKUP과 LARGE 함수 사용

03 [표3]에서 총점[D16:D25]에 대한 순위를 구하여 1위는 '대상', 2위는 '금상', 3위는 '은상', 나머지는 공백으로 수상[E16:E25]에 표시하시오. (8점)

> ▶ 순위는 총점이 높은 것이 1위임
> ▶ IF와 RANK.EQ 함수 사용

04 [표4]에서 직업[I17:I29]과 볼링점수[J17:J29]를 이용하여 직업별 볼링점수의 평균을 구하여 등급표[L17:M19]를 참조하여 평균실력[M23:M26] 영역에 표시하시오. (8점)

> ▶ 직업별 볼링점수의 평균이 70점 이상 120 미만은 '초보', 120점 이상 150 미만은 '중급', 150점 이상이면 '고급'으로 표시
> ▶ VLOOKUP과 AVERAGEIF 함수 사용

05 [표5]에서 판매지역[A29:A37]이 '서울'인 판매금액[E29:E37]의 평균을 [E38] 셀에 계산하시오. (8점)

> ▶ SUMIFS, COUNTIF, AVERAGEIF 함수 중 알맞은 함수 사용

01 '분석작업-1' 시트에 대하여 다음의 지시사항을 처리하시오. (10점)

[피벗 테이블] 기능을 이용하여 '팀별 급여 지급 현황' 표의 팀명을 '행'으로 처리하고, 값에 '월급여', '상여금', '기타수당'의 평균을 순서대로 계산하시오.
> ▶ 피벗 테이블 보고서는 동일 시트의 [H3] 셀에서 시작하시오.
> ▶ 값 영역의 표시 형식은 '셀 서식' 대화상자에서 '숫자' 범주의 '1000 단위 구분 기호 사용'을 이용하여 지정하시오.
> ▶ 피벗 테이블 스타일은 '연한 노랑, 피벗 스타일 보통 12'로 설정하시오.

02 '분석작업-2' 시트에 대하여 다음의 지시사항을 처리하시오. (10점)

데이터 도구 [통합] 기능을 이용하여 [표1], [표2], [표3]에서 품명별 데이터의 '입고수량', '출고수량', '재고수량'의 평균을 [표4]의 [G14:I21] 영역에 계산하시오.

01 '매크로작업' 시트의 [표]에서 다음과 같은 기능을 수행하는 매크로를 현재 통합 문서에 작성하고 실행하시오. (각 5점)

① [E4:E13] 영역에 총점을 계산하는 매크로를 생성하여 실행하시오.

▶ 매크로 이름 : 총점

▶ 총점 = 쇼트 + 프리

▶ [개발 도구] → [삽입] → [양식 컨트롤]의 '단추'(□)를 동일 시트의 [G3:H5] 영역에 생성하고, 텍스트를 "총점"으로 입력한 후 단추를 클릭할 때 '총점' 매크로가 실행되도록 설정하시오.

② [A3:E3] 영역에 셀 스타일을 '황금색, 강조색4'로 적용하는 매크로를 생성하여 실행하시오.

▶ 매크로 이름 : 셀스타일

▶ [도형] → [사각형]의 '사각형: 둥근 모서리'(□)를 동일 시트의 [G7:H9] 영역에 생성하고, 텍스트를 "셀스타일"로 입력하고, 도형을 클릭할 때 '셀스타일' 매크로가 실행되도록 설정하시오.

※ 셀 포인터의 위치에 상관없이 현재 통합 문서에서 매크로가 실행되어야 정답으로 인정됨

02 '차트작업' 시트의 차트에서 다음 지시사항에 따라 아래 〈그림〉과 같이 차트를 수정하시오. (각 2점)

※ 차트는 반드시 문제에서 제공한 차트를 사용하여야 하며, 신규로 작성 시 0점 처리됨

① 2/4분기(4~6월)에 해당하는 '수출금액'과 '수입금액'만 차트에 표시되도록 차트의 범위를 변경하시오.

② 차트 종류는 '표식이 있는 꺾은선형'으로 변경하시오.

③ 차트 제목은 '차트 위'로 추가하여 〈그림〉과 같이 입력하고, 범례는 서식을 이용하여 위치를 '아래쪽'으로 배치하시오.

④ '수입금액' 계열의 '4월' 요소에만 데이터 레이블 '값'을 표시하되, 레이블의 위치를 '아래쪽'으로 지정하시오.

⑤ 차트 영역에 그림자는 '안쪽: 가운데', 테두리 스타일은 '둥근 모서리'로 지정하시오.

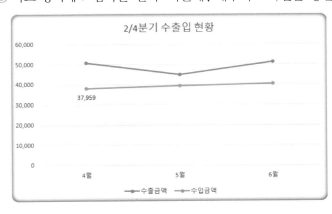

정답 & 해설 　실전 모의고사 06회

문제1　기본작업

01 자료 입력

정답

⏵	A	B	C	D	E	F	G
1	아이스링크 용품 재고 현황						
2							
3	용품코드	종목	용품명	브랜드	재고수량	추가 주문	
4	SKT-30	스피드 스케이팅	스케이트화-일반용	K2	24	추가 주문 필요	
5	UTM-20	스피드 스케이팅	스케이트화-선수용	울티마	11	추가 주문 필요	
6	SRD-40	쇼트트랙	스케이트화-일반용	리델	102	추가 주문 필요	
7	EST-35	쇼트트랙	스케이트화-선수용	이스턴	14	보유 재고 적정	
8	BAU-40	아이스하키	스케이트화-하키용	바우어	35	보유 재고 적정	
9	BAU-50	아이스하키	슐더	바우어	19	보유 재고 적정	
10	BAU-70	아이스하키	스틱	바우어	10	추가 주문 필요	
11	BSP-10	컬링	컬링화	밸런스플러스	45	추가 주문 필요	
12	GLD-20	컬링	컬링 브룸	골드라인	27	보유 재고 적정	
13	SPE-10	공통	헬멧	세이프	108	보유 재고 적정	
14							

[A3:F13] 셀까지 문제를 보고 오타 없이 작성한다.

02 서식 지정

정답

⏵	A	B	C	D	E	F	G	H
1			평창 동계올림픽 주요국가별 참가선수현황					
2								
3	국가기호	국가명	대륙명	여자(Female)	남자(Male)	참가선수합계	參加種目	
4	AUS	오스트레일리아	오세아니아	22명	28명	50명	10	
5	AUT	오스트리아	유럽	40명	64명	104명	12	
6	CAN	캐나다	아메리카	103명	122명	225명	14	
7	CHN	중국	아시아	46명	34명	80명	12	
8	DEN	덴마크	유럽	7명	10명	17명	5	
9	FIN	핀란드	유럽	41명	64명	105명	11	
10	FRA	프랑스	유럽	43명	63명	106명	11	
11	GBR	영국	유럽	24명	34명	58명	11	
12	GER	독일	유럽	58명	94명	152명	14	
13	ITA	이탈리아	유럽	47명	73명	120명	14	
14	JPN	일본	아시아	72명	52명	124명	13	
15	KOR	대한민국	아시아	45명	78명	123명	15	
16	NGR	나이지리아	아프리카	3명	0명	3명	2	
17	NOR	노르웨이	유럽	27명	82명	109명	11	
18	NZL	뉴질랜드	오세아니아	4명	16명	20명	5	
19	OAR	러시아출신 올림픽 선수	유럽	81명	87명	168명	15	
20	SUI	스위스	유럽	70명	97명	167명	14	
21	SWE	스웨덴	유럽	54명	62명	116명	9	
22	USA	미국	아메리카	107명	134명	241명	15	
23		합계		894명	1,194명	2,088명		
24								

① [A1:G1] 영역을 범위 지정한 후 [홈]-[맞춤] 그룹에서 [병합하고 가운데 맞춤]()을 클릭하고, [글꼴] 그룹에서 글꼴 '굴림', 크기 '20', '굵게', 글꼴 색 '표준 색 – 파랑'을 선택한다.

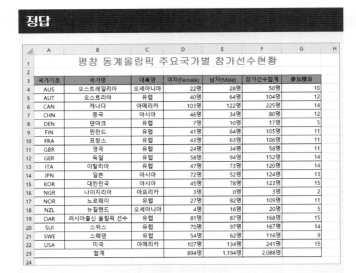

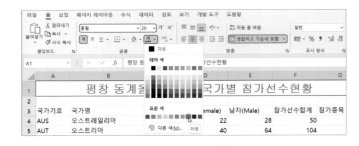

② [G3] 셀에서 더블 클릭하여 '참가종목' 글자 맨 뒤에 마우스 커서를 두고 키보드의 漢字를 눌러 '參加'를 선택하고 [변환], 다시 한 번 '種目'을 선택하고 [변환]을 클릭한다.

③ [D4:F23] 영역을 범위 지정한 후 마우스 오른쪽 버튼을 눌러 [셀 서식]을 클릭한 후 [표시 형식] 탭에서 '사용자 지정'에 #,##0명을 입력한 후 [확인]을 클릭한다.

④ [A23:C23] 영역을 범위 지정한 후 [홈]-[맞춤] 그룹에서 [병합하고 가운데 맞춤](圖)을 클릭한다.

⑤ [A3:G3] 영역을 범위 지정한 후 [홈]-[글꼴] 그룹에서 [채우기 색](🖌️ -) 도구를 클릭하여 '표준 색 - 연한 파랑'을 선택한다.

⑥ [A3:G3], [A4:C22] 영역을 범위 지정한 후 [홈]-[맞춤] 그룹에서 가로 [가운데 맞춤](≡)을 클릭한다.

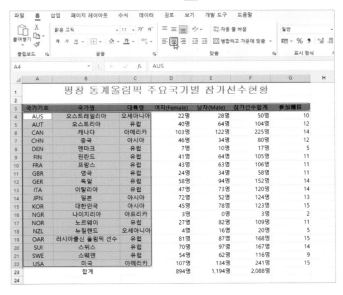

⑦ [A3:G23] 영역을 범위 지정한 후 [홈]-[글꼴] 그룹에서 [테두리](⊞ -) 도구의 [모든 테두리](⊞)를 클릭한다.

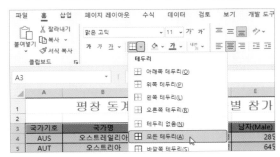

02 조건부 서식

정답

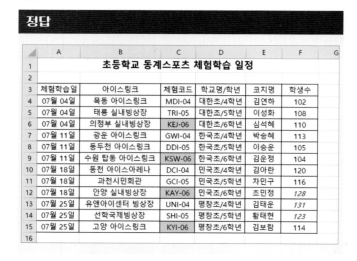

	A	B	C	D	E	F	G
1		초등학교 동계스포츠 체험학습 일정					
2							
3	체험학습일	아이스링크	체험코드	학교명/학년	코치명	학생수	
4	07월 04일	목동 아이스링크	MDI-04	대한초/4학년	김연하	102	
5	07월 04일	태릉 실내빙상장	TRI-05	대한초/5학년	이성화	108	
6	07월 04일	의정부 실내빙상장	KEJ-06	대한초/6학년	심석혜	110	
7	07월 11일	광운 아이스링크	GWI-04	한국초/4학년	박승혜	113	
8	07월 11일	동두천 아이스링크	DDI-05	한국초/5학년	이승운	105	
9	07월 11일	수원 탑동 아이스링크	KSW-06	한국초/6학년	김운정	104	
10	07월 18일	동천 아이스아레나	DCI-04	민국초/4학년	김아란	120	
11	07월 18일	과천시민회관	GCI-05	민국초/5학년	차민구	116	
12	07월 18일	안양 실내빙상장	KAY-06	민국초/6학년	초민정	128	
13	07월 25일	유앤아이센터 빙상장	UNI-04	평창초/4학년	김태운	131	
14	07월 25일	선학국제빙상장	SHI-05	평창초/5학년	황태현	123	
15	07월 25일	고양 아이스링크	KYI-06	평창초/6학년	김보람	114	
16							

① [C4:C15] 영역을 범위 지정한 후 [홈]–[스타일] 그룹에서 [조건부 서식]–[새 규칙]을 클릭한다.

② '▶ 다음을 포함하는 셀만 서식 지정'을 선택하고, '특정 텍스트', '포함'을 선택하고 K를 입력한 후 [서식]을 클릭한다.

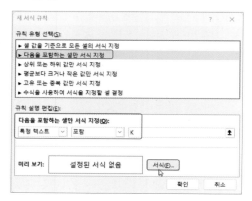

③ [셀 서식]의 [채우기] 탭에서 '표준 색 – 노랑'을 선택하고 [확인]을 클릭한 후 [새 서식 규칙]에서 [확인]을 클릭한다.

④ [F4:F15] 영역을 범위 지정한 후 [홈]–[스타일] 그룹에서 [조건부 서식]–[새 규칙]을 클릭한다.

⑤ '▶ 상위 또는 하위 값만 서식 지정'을 선택하고, '상위'를 선택하고 3을 입력한 후 [서식]을 클릭한다.

⑥ [셀 서식]의 [글꼴] 탭에서 글꼴 스타일 '굵은 기울임꼴', 색은 '표준 색 – 파랑'을 선택하고 [확인]을 클릭한 후 [새 서식 규칙]에서 다시 한 번 [확인]을 클릭한다.

01 국가명(팀명)[E3:E12]

정답

	A	B	C	D	E	F
1	[표1]		여자 컬링 순위			
2	순위	메달	국가명	팀명	국가명(팀명)	
3	1	금메달	sweden	hasselborg	Sweden(HASSELBORG)	
4	2	은메달	korea	kim	Korea(KIM)	
5	3	동메달	japan	fujisawa	Japan(FUJISAWA)	
6	4	4위	gbritain	muirhead	Gbritain(MUIRHEAD)	
7	5	5위	china	wang	China(WANG)	
8	6	6위	canada	homan	Canada(HOMAN)	
9	7	7위	switzerland	tirinzoni	Switzerland(TIRINZONI)	
10	8	8위	usa	roth	Usa(ROTH)	
11	9	9위	oar	moiseeva	Oar(MOISEEVA)	
12	10	10위	denmark	dupont	Denmark(DUPONT)	
13						

[E3] 셀에 =PROPER(C3)&"("&UPPER(D3)&")"를 입력하고 [E12] 셀까지 수식을 복사한다.

02 K포인트 3번째 많은 회원명[J13]

정답

	G	H	I	J	K
1	[표2]		KTTX고속철도 이용 현황		
2	회원코드	회원등급	K포인트	회원명	
3	KT-1801	다이아	98,000	김연하	
4	KT-1802	플래티넘	87,000	이성화	
5	KT-1803	실버	65,000	심석혜	
6	KT-1804	브론즈	56,000	박승혜	
7	KT-1805	플래티넘	89,500	이승운	
8	KT-1806	플래티넘	82,000	김운정	
9	KT-1807	골드	78,000	김아란	
10	KT-1808	아이언	35,000	차민구	
11	KT-1809	브론즈	51,000	초민정	
12	KT-1810	아이언	41,000	김태운	
13	K포인트 3번째 많은 회원명			이성화	
14					

[J13] 셀에 =VLOOKUP(LARGE(I3:I12,3),I3:J12,2,0)를 입력한다.

03 수상[E16:E25]

정답

	A	B	C	D	E	F
14	[표3]		여자 피겨 스케이팅 결과			
15	선수명	쇼트프로그램	프리스타일	총점	수상	
16	OSMOND	79	152	231	은상	
17	NAGASU	67	120	187		
18	ZAGITOVA	83	157	240	대상	
19	CHOI	68	131	199		
20	MEDVEDEVA	82	157	239	금상	
21	KOSTNER	73	139	212		
22	TENNELL	64	128	192		
23	SAKAMOTO	73	137	210		
24	SOTSKOVA	64	134	198		
25	MIYAHARA	76	146	222		
26						

[E16] 셀에 =IF(RANK.EQ(D16,$D$16:$D$25)=1,"대상",IF(RANK.EQ(D16,$D$16:$D$25)=2,"금상",IF(RANK.EQ(D16,$D$16:$D$25)=3,"은상","")))를 입력하고 [E25] 셀까지 수식을 복사한다.

함수 설명

❶ RANK.EQ(D16, $D$16:$D$25): [D16] 셀의 값을 범위([$D$16:$D$25])에서 기본적으로 내림차순(큰 값이 1위)으로 순위를 매기도록 지정

=IF(❶=1,"대상",IF(❶=2,"금상",IF(❶=3,"은상",""))) : [D16]의 값이 1위일 경우 "대상"을, 2위일 경우 "금상", 3위일 경우 "은상"을 반환하며, 3위 미만일 경우 공백("")을 반환

04 평균실력[M23:M26]

	G	H	I	J	K	L	M	N
15	[표4]	볼링 동호회 현황				<등급표>		
16	이름	성별	직업	볼링점수		평균점수	등급	
17	김초롱	여	학생	80		70	초보	
18	한인수	남	경로	125		120	중급	
19	김우람	남	학생	132		150	고급	
20	고은정	여	주부	135				
21	박보미	여	학생	109		직업별 볼링실력		
22	이민우	남	직장인	158		직업	평균실력	
23	강서연	여	주부	127		학생	초보	
24	김풍	남	직장인	145		주부	중급	
25	고만석	남	직장인	168		직장인	고급	
26	최다해	여	학생	102		경로	중급	
27	민수린	여	직장인	172				
28	소여진	여	학생	115				
29	김반석	남	경로	125				
30								

[M23] 셀에 =VLOOKUP(AVERAGEIF($I$17:$I$29,L23, $J$17:$J$29),$L$17:$M$19,2)를 입력하고 [M26] 셀까지 수식을 복사한다.

함수 설명

1 AVERAGEIF($I$17:$I$29, L23, $J$17:$J$29): 범위[$I$17:$I$29] 에서 L23과 일치하는 값을 찾아 해당 행의 [$J$17:$J$29] 범위 에서 평균 계산

=VLOOKUP(1, $L$17:$M$19,2) : 계산된 1의 결과 값이 범위[$L $17:$M$19]의 첫 번째 열에 있으면, 해당 행의 두 번째(2) 열에 있 는 값을 반환

05 서울지역 판매금액 평균[E38]

	A	B	C	D	E	F
27	[표5]	올림픽 티켓 센터별 입장권 판매				
28	판매지역	센터명	소속기관	판매기간	판매금액	
29	서울	시청	서울시	20일	535,000,000	
30	대전	대전역	철도청	25일	254,000,000	
31	인천	송도	인천시	25일	156,000,000	
32	서울	서울역	철도공사	20일	485,000,000	
33	광주	터미널	광주시	20일	382,000,000	
34	부산	센텀시티	부산시	25일	450,000,000	
35	서울	센트럴	도로공사	20일	523,000,000	
36	부산	해운대	부산시	25일	427,000,000	
37	서울	코엑스	무역협회	20일	468,000,000	
38	서울지역 판매금액 평균				502,750,000	
39						

[E38] 셀에 =AVERAGEIF(A29:A37,"서울",E29:E37)를 입력한다.

01 피벗 테이블

정답

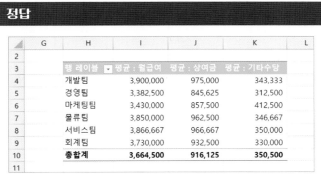

① 데이터 안쪽에 커서를 두고 [삽입]-[표] 그룹의 [피벗 테이블](🖻)을 클릭한다.
② [피벗 테이블 만들기]에서 '표/범위'는 [A3:F23], '기존 워크시트' [H3]을 지정하고 [확인]을 클릭한다.

③ 다른 그림과 같이 필드를 드래그하여 배치한다.

④ [I3] 셀에서 마우스 오른쪽 버튼을 눌러 [값 요약 기준]-[평균]을 클릭한다.

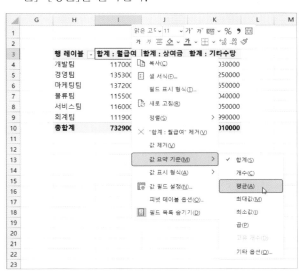

⑤ 같은 방법으로 합계:상여금[J3], 합계:기타수당[K3]에서도 마우스 오른쪽 버튼을 눌러 [값 요약 기준]-[평균]을 클릭한다.
⑥ [I3] 셀에서 마우스 오른쪽 버튼을 눌러 [값 필드 설정]을 클릭한 후 [표시 형식]을 클릭한다.

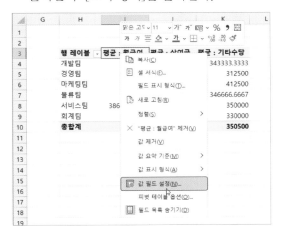

⑦ [표시 형식] 탭에서 범주는 '숫자', '1000 단위 구분 기호(,) 사용'을 체크하고 [확인]을 클릭하고, [값 필드 설정]에서 [확인]을 클릭한다.
⑧ 같은 방법으로 상여금[J3], 기타수당[K3]도 [값 필드 설정]에서 '숫자', '1000 단위 구분 기호(,) 사용'을 체크한다.

⑨ [디자인] 탭의 [피벗 테이블 스타일]에서 '연한 노랑, 피벗
　스타일 보통 12'를 클릭한다.

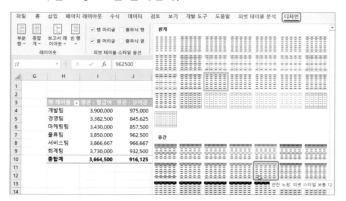

정답

	E	F	G	H	I	J
11						
12		[표4]	1/4분기 동계용품 입출고 현황			
13		품명	입고수량	출고수량	재고수량	
14		스키	227	221	5	
15		스키부츠	160	147	13	
16		폴대	164	152	12	
17		스노보드	274	267	8	
18		보드용 슈즈	222	205	17	
19		고글	367	350	18	
20		헬멧	255	232	23	
21		장갑	171	142	28	
22						

① [F13:I21] 영역을 범위 지정한 후 [데이터]−[데이터 도
　구] 그룹의 [통합](📊)을 클릭한다.
② [통합]에서 '함수'는 '평균', '모든 참조 영역'은 [A2:D10],
　[A13:D21], [A24:D32] 영역에 추가한 후 '사용할 레이
　블'은 '첫 행', '왼쪽 열'을 체크하고 [확인]을 클릭한다.

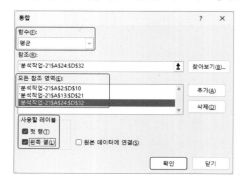

01 매크로

정답

① [E4] 셀을 제외한 나머지 셀을 선택하고 [개발 도구]–[코드] 그룹의 [매크로 기록](□)을 클릭한다.
② 매크로 이름에 **총점**을 입력하고 [확인]을 클릭한다.
③ [E4] 셀에 =C4+D4를 입력한 후 [E13] 셀까지 수식을 복사한다.
④ [개발 도구]–[코드] 그룹의 [기록 중지](□)를 클릭한다.
⑤ [개발 도구]–[컨트롤] 그룹의 [삽입]–[양식 컨트롤]의 '단추'(□)를 클릭하여 [G3:H5] 영역에 Alt 를 누른 채 드래그하여 그린다.

⑥ [매크로 지정]에서 '총점'을 선택한 후 '단추1'의 텍스트를 지우고 **총점**을 입력한다.

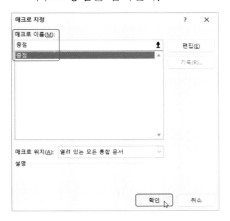

⑦ [개발 도구]–[코드] 그룹의 [매크로 기록](□)을 클릭한다.
⑧ 매크로 이름은 **셀스타일**을 입력하고 [확인]을 클릭한다.
⑨ [A3:E3] 영역을 범위 지정한 후 [홈] 탭의 [스타일] 그룹에서 [셀 스타일]의 '황금색, 강조색4'를 클릭한다.

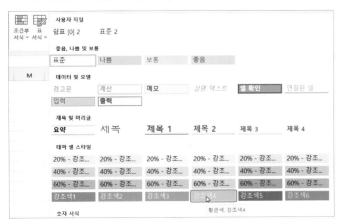

⑩ [개발 도구]–[코드] 그룹의 [기록 중지](□)를 클릭한다.
⑪ [삽입]–[일러스트레이션] 그룹의 [도형]–[사각형]의 '사각형: 둥근 모서리'(□)를 클릭하여 [G7:H9] 영역에 Alt 를 누른 채 드래그하여 그린다.
⑫ 도형에 **셀스타일**을 입력한 후, '셀스타일' 도형의 경계라인에서 마우스 오른쪽 버튼을 눌러 [매크로 지정]을 클릭한다.
⑬ '셀스타일'을 선택하고 [확인]을 클릭한다.

02 차트

정답

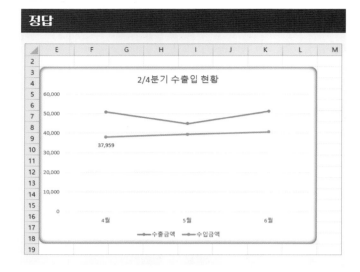

① 차트 안에서 마우스 오른쪽 버튼을 눌러 [데이터 선택]을 클릭한다.

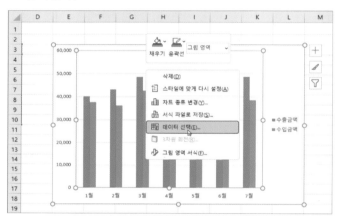

② 차트 데이터 범위에 기존 범위를 지우고 [A3:C3], [A7:C9] 영역으로 수정한 후 [확인]을 클릭한다.

③ 차트 안에서 마우스 오른쪽 버튼을 눌러 [차트 종류 변경]을 클릭한다.

④ '표식이 있는 꺾은선형'을 선택하고 [확인]을 클릭한다.

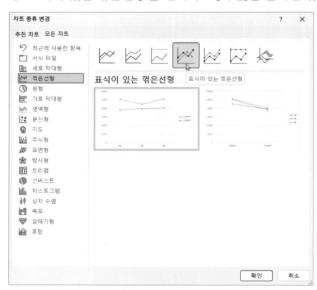

⑤ 차트를 선택한 후 [차트 요소](⊞)에서 '차트 제목'을 체크한 후 **2/4분기 수출입 현황**을 입력한다.

⑥ 차트를 선택한 후 [차트 요소](⊞)에서 [범례]-[아래쪽]을 클릭한다.

⑦ '수입금액'의 '4월' 요소를 천천히 2번 클릭한 후 [차트 요소](⊞)에서 [데이터 레이블]-[아래쪽]을 클릭한다.

⑧ 차트 영역에서 마우스 오른쪽 버튼을 눌러 [차트 영역 서
식]을 클릭하고 [효과]의 '그림자'에서 '미리 설정'을 클릭
하여 '안쪽 : 가운데'를 선택한다.

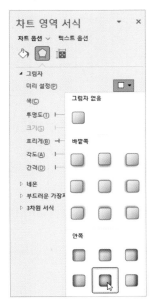

⑨ [차트 영역 서식]의 [채우기 및 선]에서 '테두리'의 '둥근
모서리'를 체크한다.

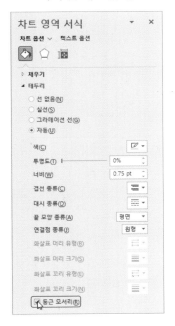

▶ 합격 강의

실전 모의고사 **07회**

프로그램명	소요시간	합격 점수
EXCEL 2021	40분	70점

수험번호 :

성　　명 :

·· **유의사항** ··

- 인적 사항 누락 및 잘못 작성으로 인한 불이익은 수험자 책임으로 합니다.

- 화면에 암호 입력창이 나타나면 아래의 암호를 입력하여야 합니다.
  ○ 암호: 6845%3

- 작성된 답안은 주어진 경로 및 파일명을 변경하지 마시고 그대로 저장해야 합니다. 이를 준수하지 않으면 실격 처리됩니다.
  ○ 답안 파일명의 예: C:₩OA₩수험번호8자리.xlsm

- 외부데이터 위치: C:₩OA₩파일명

- 별도의 지시사항이 없는 경우, 다음과 같이 처리 시 실격 처리됩니다.
  ○ 제시된 시트 및 개체의 순서나 이름을 임의로 변경한 경우
  ○ 제시된 시트 및 개체를 임의로 추가 또는 삭제한 경우
  ○ 외부데이터를 시험 시작 전에 열어본 경우

- 답안은 반드시 문제에서 지시 또는 요구한 셀에 입력하여야 하며 다음과 같이 처리 시 채점 대상에서 제외됩니다.
  ○ 제시된 함수가 있을 경우 제시된 함수만을 사용하여야 하며 그 외 함수사용시 채점대상에서 제외
  ○ 수험자가 임의로 지시하지 않은 셀의 이동, 수정, 삭제, 변경 등으로 인해 셀의 위치 및 내용이 변경된 경우 해당 작업에 영향을 미치는 관련문제 모두 채점 대상에서 제외
  ○ 도형 및 차트의 개체가 중첩되어 있거나 동일한 계산결과 시트가 복수로 존재할 경우 해당 개체나 시트는 채점 대상에서 제외

- 수식 작성 시 제시된 문제 파일의 데이터는 변경 가능한(가변적) 데이터임을 감안하여 문제 풀이를 하시오.

- 별도의 지시사항이 없는 경우, 주어진 각 시트 및 개체의 설정값 또는 기본 설정값 (Default)으로 처리하시오.

- 저장 시간은 별도로 주어지지 않으므로 제한된 시간 내에 저장을 완료해야 하며, 제한 시간 내에 저장이 되지 않은 경우에는 실격 처리됩니다.

- 출제된 문제의 용어는 MS Office LTSC Professional Plus 2021 기준으로 작성되어 있습니다.

대 한 상 공 회 의 소

01 '기본작업-1' 시트에 다음의 자료를 주어진 대로 입력하시오. (5점)

▲	A	B	C	D	E	F	G
1	방학중 영화 아카데미 모집 현황						
2							
3	강의코드	강의명	교육대상	강의요일	모집정원	등록비	
4	MOV-01	셰프와 함께보는 영화속 음식	일반	토요일	20	150000	
5	MOV-02	영화로 보는 미국문화	일반	수요일	15	120000	
6	MOV-03	애니메이션과 일본문화	대학생	금요일	15	100000	
7	MOV-04	영화와 함께하는 Easy English	초등학생	수요일	20	50000	
8	MOV-05	SF영화속의 미래기술	중고등생	목요일	25	80000	
9	MOV-06	Fun Fun 애니메이션	중고등생	금요일	30	80000	
10	MOV-07	책과 영화, 그 속에 음악을 담다	전체	목요일	20	120000	
11	MOV-08	전쟁을 담은 영화들	일반	월요일	20	120000	
12	MOV-09	세계의 종교, 그리고 영화	대학생	금요일	15	100000	
13	MOV-10	영화보다 유명한 영화배경음악	일반	화요일	30	150000	
14							

02 '기본작업-2' 시트에 대하여 다음의 지시사항을 처리하시오. (각 2점)

① [A1:G1] 영역은 '병합하고 가운데 맞춤', 셀 스타일 '제목 1', 행의 높이를 '28'로 지정하시오.

② [A4:A6], [A7:A9], [A10:A12], [A13:A15] 영역은 '병합하고 가운데 맞춤'을, [A3:G3], [A4:A15] 영역은 채우기 색을 '표준 색 – 주황'으로 지정하시오.

③ 제목의 문자열 앞뒤에 특수문자 '◆'을 삽입하시오.

④ [D4:D15] 영역은 사용자 지정 표시 형식을 이용하여 문자 뒤에 '까지'를 [표시 예]와 같이 표시하시오. [표시 예 : 8월 31일 → 8월 31일까지]

⑤ [A3:G15] 영역은 '모든 테두리'(田)를 적용하여 표시하고, 텍스트 맞춤을 가로 '가운데'로 설정하시오.

03 '기본작업-3' 시트에 대하여 다음의 지시사항을 처리하시오. (5점)

'YJ시네마 프리미엄 스크린 예약현황' 표에서 구분이 '회원'이고 할인금액이 20,000 이하인 데이터를 고급 필터를 사용하여 검색하시오.

▶ 고급 필터 조건은 [A18:D20] 범위 내에 알맞게 입력하시오.

▶ 고급 필터 결과 복사 위치는 동일 시트의 [A22] 셀에서 시작하시오.

01 [표1]에서 주문코드[A3:A12]의 첫 번째 문자가 'A'이면 '조조', 'D'이면 '주간', 'N'이면 '심야'로 구분[D3:D12]에 표시하시오. (8점)

▶ IF와 LEFT 함수 사용

02 [표2]에서 이용건수[H3:H12]를 기준으로 순위를 구하여 1~3등은 '인기'로 표시하고, 나머지는 공백을 비고[I3:I12]에 표시하시오. (8점)

▶ 이용건수가 가장 많은 것이 1등
▶ IF, RANK.EQ 함수 사용

03 [표3]에서 원작국가[B16:B24]가 '대한민국'이면서 판매금액[E16:E24]이 500,000 이상 600,000 미만인 완구수를 [E25] 셀에 표시하시오. (8점)

▶ 계산된 개수 뒤에 '개'를 포함하여 표시 [표시 예 : 3개]
▶ SUMIFS, AVERAGEIFS, COUNTIFS 함수 중 알맞은 함수와 & 연산자 사용

04 [표4]에서 팀명이 '영화기획팀' 이거나 직책이 '부팀장'인 급여액의 합계를 [J25] 셀에 표시하시오. (8점)

▶ [L23:M25] 영역에 조건 입력
▶ DSUM 함수 사용

05 [표5]에서 티켓구입액[C29:C37]의 순위를 구하여 등급표[G28:J29]에서 멤버십등급을 찾아 [D29:D37]에 표시하시오. (8점)

▶ 티켓구입액을 오름차순으로 순위를 구함
▶ HLOOKUP, RANK.EQ 함수 사용

01 '분석작업-1' 시트에 대하여 다음의 지시사항을 처리하시오. (10점)

[부분합] 기능을 이용하여 '2학년 전국 연합 학력평가 성적' 표에 반별로 '국어', '수학', '영어', '사회탐구', '과학탐구', '한국사' 합계와 '평균'의 최대값을 계산하시오.

▶ 정렬은 '반'을 기준으로 오름차순으로 하시오.

▶ 합계와 최대값은 위에 명시된 순서대로 처리하시오.

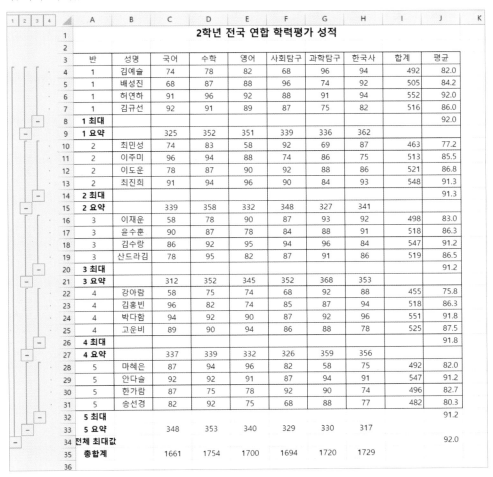

02 '분석작업-2' 시트에 대하여 다음의 지시사항을 처리하시오. (10점)

'씨네카페 9월 판매수익' 표는 판매단가[B2], 판매수량[B3], 판매원가[B5], 세금[B6], 인건비[B7], 임대료[B8]을 이용하여 판매수익[B9]을 계산한 것이다. [데이터 표] 기능을 이용하여 판매단가와 판매수량의 변동에 따른 판매이익의 변화를 [C16:G20] 영역에 계산하시오.

01 '매크로작업' 시트의 [표]에서 다음과 같은 기능을 수행하는 매크로를 현재 통합 문서에 작성하고 실행하시오. (각 5점)

① [E16] 셀에 예매총액의 합계를 계산하는 매크로를 생성하여 실행하시오.
▶ 매크로 이름 : 합계
▶ SUM 함수 사용
▶ [개발 도구] → [삽입] → [양식 컨트롤]의 '단추'(□)를 동일 시트의 [G3:H4] 영역에 생성하고, 텍스트를 "합계"로 입력한 후 단추를 클릭할 때 '합계' 매크로가 실행되도록 설정하시오.
② [A3:E3], [A16] 영역에 채우기 색 '표준 색 – 연한 파랑'을 적용하는 매크로를 생성하여 실행하시오.
▶ 매크로 이름 : 채우기색
▶ [도형] → [사각형]의 '사각형: 둥근 모서리'(□)를 동일 시트의 [G6:H7] 영역에 생성하고, 텍스트를 "채우기색"으로 입력한 후 도형을 클릭할 때 '채우기색' 매크로가 실행되도록 설정하시오.
※ 셀 포인터의 위치에 상관없이 현재 통합 문서에서 매크로가 실행되어야 정답으로 인정됨

02 '차트작업' 시트의 차트에서 다음 지시사항에 따라 아래 〈그림〉과 같이 차트를 수정하시오. (각 2점)

※ 차트는 반드시 문제에서 제공한 차트를 사용하여야 하며, 신규로 작성 시 0점 처리됨
① '티켓비'와 '스넥음료비' 계열만 차트에 표시되도록 데이터 범위를 지정하시오.
② 차트 제목은 '차트 위'로 추가하여 〈그림〉과 같이 입력하고, 글꼴 '굴림', 글꼴 스타일 '굵은 기울임꼴', 크기 '16', 밑줄 '실선'으로 지정하시오.
③ 세로(값) 축의 최대값을 '12,000'으로 지정하시오.
④ 차트 영역에 '데이터 테이블'을 표시하고, 기본 주 세로 눈금선을 표시하시오.
⑤ 차트 영역의 테두리 스타일은 '너비' 2pt와 '둥근 모서리'로 지정하시오.

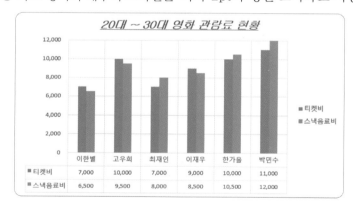

정답 & 해설 실전 모의고사 07회

문제1   기본작업

01 자료 입력

정답

	A	B	C	D	E	F	G
1	방학중 영화 아카데미 모집 현황						
2							
3	강의코드	강의명	교육대상	강의요일	모집정원	등록비	
4	MOV-01	셰프와 함께보는 영화속 음식	일반	토요일	20	150000	
5	MOV-02	영화로 보는 미국문화	일반	수요일	15	120000	
6	MOV-03	애니메이션과 일본문화	대학생	금요일	15	100000	
7	MOV-04	영화와 함께하는 Easy English	초등학생	수요일	20	50000	
8	MOV-05	SF영화속의 미래기술	중고등생	목요일	25	80000	
9	MOV-06	Fun Fun 애니메이션	중고등생	금요일	30	80000	
10	MOV-07	책과 영화, 그 속에 음악을 담다	전체	목요일	20	120000	
11	MOV-08	전쟁을 담은 영화들	일반	월요일	20	120000	
12	MOV-09	세계의 종교, 그리고 영화	대학생	금요일	15	100000	
13	MOV-10	영화보다 유명한 영화배경음악	일반	화요일	30	150000	
14							

[A3:F13] 셀까지 문제를 보고 오타 없이 작성한다.

02 서식 지정

정답

	A	B	C	D	E	F	G	H
1		◆YJ 시네마 스낵코너 8월 인기품목 현황◆						
2								
3	스낵종류	메뉴명	크기	판매기간	가격	판매수량	비버리지	
4	팝콘	카라멜 더블콤보	L(대)	8월 31일까지	6500	560	콜라	
5		치즈 콤보	R(중)	8월 31일까지	7000	480	에이드	
6		오리지널 콤보	R(중)	8월 31일까지	6000	420	커피	
7	나쵸	칠리 엔 치즈 콤보	L(대)	8월 29일까지	7500	450	콜라	
8		스위트칠리 더블콤보	L(중)	8월 29일까지	8000	380	에이드	
9		사우어크림 콤보	R(중)	8월 29일까지	7000	260	콜라	
10	핫도그	오리지날 더블콤보	L(대)	8월 30일까지	7500	535	콜라	
11		크림치즈 콤보	R(중)	8월 30일까지	7000	360	콜라	
12		갈릭치즈 더블콤보	L(대)	8월 30일까지	7500	290	에이드	
13	포테이토	웨스턴 웨지 더블콤보	R(중)	8월 29일까지	8000	340	콜라	
14		허니버터 콤보	R(중)	8월 29일까지	7000	320	에이드	
15		스위트칠리 콤보	R(중)	8월 29일까지	7000	285	커피	
16								

① [A1:G1] 영역을 범위 지정한 후 [홈]-[맞춤] 그룹에서 [병합하고 가운데 맞춤](圖)을 클릭하고, [스타일] 그룹의 [셀 스타일]에서 '제목1'을 선택한다.

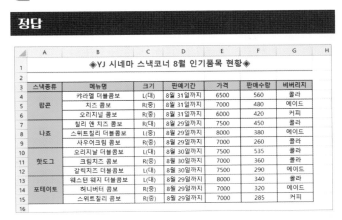

② 1행 머리글에서 마우스 오른쪽 버튼을 눌러 [행 높이]를 클릭하여 28을 입력하고 [확인] 클릭한다.

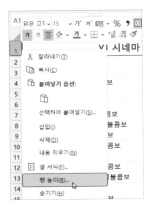

③ [A4:A6], [A7:A9], [A10:A12], [A13:A15] 영역을 범위
지정한 후 [홈]-[맞춤] 그룹에서 [병합하고 가운데 맞춤]
(🔲)을 클릭한다.

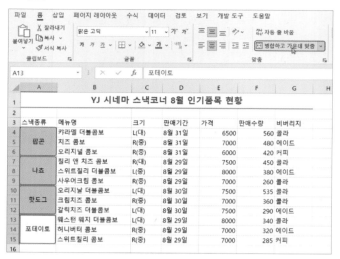

④ [A3:G3], [A4:A15] 영역을 범위 지정한 후 [홈]-[글꼴]
그룹에서 [채우기 색](🔲▾) 도구를 클릭하여 '표준 색 - 주
황'을 선택한다.

⑤ [A1] 셀의 'Y' 앞에서 더블 클릭하여 한글 자음 ㅁ을 입력
하고 키보드의 [한자]를 눌러 [보기 변경](🔲)을 클릭하여 '◆'
을 클릭한다. 같은 방법으로 '황' 뒤에도 '◆'을 입력한다.

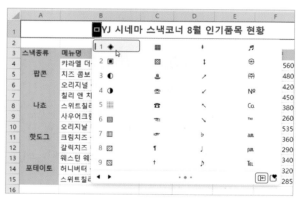

⑥ [D4:D15] 영역을 범위 지정한 후 마우스 오른쪽 버튼을
눌러 [셀 서식]을 클릭한 후 [표시 형식] 탭에서 '사용자
지정'에 @"까지"를 입력한 후 [확인]을 클릭한다.

⑦ [A3:G15] 영역을 범위 지정한 후 [홈]-[글꼴] 그룹에서
[테두리](🔲▾) 도구의 [모든 테두리](🔲)를 클릭한 후
[홈]-[맞춤] 그룹에서 [가운데 맞춤](🔲)을 클릭한다.

03 고급 필터

	A	B	C	D	E	F	G	H
17								
18	구분	할인금액						
19	회원	<=20000						
20								
21								
22	패키지명	구분	예약자명	인원수	이용금액	할인등급	할인금액	
23	브런치	회원	허연아	3	105,000	골드	10,500	
24	디너	회원	김수현	3	120,000	골드	12,000	
25	레이디스	회원	이지현	4	120,000	골드	12,000	
26								

① [A18:B19] 영역에 다음과 같이 조건을 입력한다.

	A	B	C
17			
18	구분	할인금액	
19	회원	<=20000	
20			

② [A3:G15] 영역을 범위 지정한 후 [데이터]-[정렬 및 필터] 그룹에서 [고급](📉)을 클릭한다.

③ [고급 필터]에서 다음과 같이 지정하고 [확인]을 클릭한다.

- **결과** : 다른 장소에 복사
- **목록 범위** : [A3:G15]
- **조건 범위** : [A18:B19]
- **복사 위치** : [A22]

01 구분[D3:D12]

정답

	A	B	C	D	E
1	[표1]	영화티켓 예약 현황		구분	
2	주문코드	티켓가격	예약건수	구분	
3	A-M-01	6,000	150	조조	
4	D-M-02	9,000	650	주간	
5	A-S-03	6,000	50	조조	
6	N-M-02	8,000	180	심야	
7	A-W-02	6,000	350	조조	
8	D-W-04	10,000	980	주간	
9	N-W-01	9,000	320	심야	
10	A-Y-03	4,000	30	조조	
11	D-Y-04	5,000	80	주간	
12	D-S-04	8,000	580	주간	
13					

[D3] 셀에 =IF(LEFT(A3,1)="A","조조",IF(LEFT(A3,1)="D","주간","심야"))를 입력하고 [D12] 셀까지 수식을 복사한다.

함수 설명

❶ LEFT(A3,1): [A3] 셀의 문자열 중 첫 번째 문자를 추출

=IF(❶="A", "조조", IF(❶="D", "주간", "심야") : ❶의 값이 "A"이면 '조조', ❶의 값이 "D"이면 '주간'을 반환하고, 그렇지 않으면 "심야"를 반환

02 비고[I3:I12]

정답

	F	G	H	I	J
1	[표2]	영화 VOD 순위			
2	영화명	장르	이용건수	비고	
3	명량	역사	1,761	인기	
4	아바타	SF	1,362		
5	7번방의 선물	가족	1,207		
6	암살	역사	1,270		
7	신과함께-죄와벌	드라마	1,441	인기	
8	광해, 왕이 된 남자	역사	1,231		
9	베테랑	드라마	1,341		
10	도둑들	액션	1,298		
11	국제시장	드라마	1,425	인기	
12	괴물	SF	1,301		
13					

[I3] 셀에 =IF(RANK.EQ(H3,$H$3:$H$12)<=3,"인기","")를 입력하고 [I12] 셀까지 수식을 복사한다.

03 완구수[E25]

정답

	A	B	C	D	E	F
14	[표3]	에니메이션 캐릭터 완구 판매현황				
15	캐릭터	원작국가	판매가격	판매수량	판매금액	
16	뽀롱롱	대한민국	12,000	48	576,000	
17	트랜스포멀	미국	11,000	42	462,000	
18	피카츙	일본	8,500	43	365,500	
19	로보카포리	대한민국	15,000	35	525,000	
20	앵구리버드	핀란드	6,500	28	182,000	
21	거울왕국	미국	21,000	26	546,000	
22	타오	대한민국	9,000	52	468,000	
23	곤담	일본	25,000	15	375,000	
24	머니언즈	미국	13,000	38	494,000	
25	조건에 맞는 개수				2개	
26						

[E25] 셀에 =COUNTIFS(B16:B24,"대한민국",E16:E24,">=500000",E16:E24,"<600000")&"개"를 입력한다.

함수 설명

❶ B16:B24 범위의 셀이 "대한민국"과 일치하는 경우.
❷ E16:E24 범위의 셀이 500,000 이상인 경우.
❸ E16:E24 범위의 셀이 600,000 미만인 경우.
❶❷❸ 모두 만족하는 행의 개수를 반환.

=COUNTIFS(❶,❷,❸)&"개": COUNTIFS의 결과에 "개"라는 문자열을 붙여서 출력

04 영화기획팀 이거나 부팀장 급여액 합계[J25]

정답

	G	H	I	J	K	L	M	N
14	[표4]	팀별 급여 지급 현황						
15	사원번호	팀명	직책	급여액				
16	S1002	영화기획팀	팀장	5,500,000				
17	S6013	영화기획팀	부팀장	4,800,000				
18	S8008	영화기획팀	팀원	3,800,000				
19	M2003	마케팅팀	팀장	6,000,000				
20	M5016	마케팅팀	팀원	3,500,000				
21	M8025	마케팅팀	팀원	3,400,000				
22	C5006	고객팀	팀장	5,800,000		<조건>		
23	C7012	고객팀	부팀장	5,100,000		팀명	직책	
24	C9018	고객팀	팀원	3,200,000		영화기획팀		
25	영화기획팀이거나 부팀장 급여액 합계			19,200,000			부팀장	
26								

① [L23:M25] 영역에 다음과 같이 조건을 입력한다.

	K	L	M	N
22		<조건>		
23		팀명	직책	
24		영화기획팀		
25			부팀장	
26				

② [J25] 셀에 =DSUM(G15:J24,J15,L23:M25)를 입력한다.

> **함수 설명**
>
> =DSUM(G15:J24,J15,L23:M25) : [G15:J24] 영역에서 [L23:M25] 영역의 조건에 만족한 데이터를 J열(급여액)의 합계를 구함

05 멤버십등급[D29:D37]

정답

	A	B	C	D	E	F	G	H	I	J	K
27	[표5]	YJ시네마 멤버십 우수회원 관리 현황				<멤버십등급표>					
28	회원명	예약횟수	티켓구입액	멤버십등급			티켓구입액	1	3	5	7
29	허연아	95	760,000	루비			멤버십등급	루비	사파이어	오팔	다이아
30	김예나	127	1,270,000	오팔							
31	다니엘	83	830,000	루비							
32	배서진	115	1,035,000	사파이어							
33	최민서	190	1,805,000	다이아							
34	여도윤	185	1,665,000	다이아							
35	최진혁	95	950,000	사파이어							
36	이주아	139	1,320,500	다이아							
37	감수현	105	1,050,000	오팔							
38											

[D29] 셀에 =HLOOKUP(RANK.EQ(C29,$C$29:$C$37, 1),$G$28:$J$29,2)를 입력하고 [D37] 셀까지 수식을 복사한다.

> **함수 설명**
>
> ❶ RANK.EQ(C29,$C$29:$C$37,1) : [C29] 셀의 값이 [C29:C37] 영역에서 오름차순으로 순위를 구함
>
> =HLOOKUP(❶,$G$28:$J$29,2) : ❶의 값을 [G28:J29] 영역의 첫 번째 행에서 찾아 2번째 행의 값을 찾아옴

01 부분합

정답

① [A3] 셀을 클릭하고 [데이터]-[정렬 및 필터] 그룹의 [텍스트 오름차순 정렬]( )을 클릭하여 '반' 별로 오름차순 정렬한다.

② 데이터 안에 마우스 포인터를 두고, [데이터]-[개요] 그룹의 [부분합]( )을 클릭한다.

③ 다음과 같이 지정하고 [확인]을 클릭한다.

- 그룹화할 항목 : 반
- 사용할 함수 : 합계
- 부분합 계산 항목 : 국어, 수학, 영어, 사회탐구, 과학탐구, 한국사

④ 다시 한 번 [데이터]-[개요] 그룹의 [부분합]( )을 클릭하여 다음과 같이 지정하고 [확인]을 클릭한다.

- 그룹화할 항목 : 반
- 사용할 함수 : 최대
- 부분합 계산 항목 : 평균
- '새로운 값으로 대치' 체크 해제

02 데이터 표

	A	B	C	D	E	F	G	H
11								
12	판매단가와 판매수량 변동에 따른 판매이익 계산							
13								
14			판매수량					
15		4,800,000	5,500	6,000	6,500	7,000	7,500	
16	판매단가	6,000	4,800,000	6,600,000	8,400,000	10,200,000	12,000,000	
17		6,500	6,450,000	8,400,000	10,350,000	12,300,000	14,250,000	
18		7,000	8,100,000	10,200,000	12,300,000	14,400,000	16,500,000	
19		7,500	9,750,000	12,000,000	14,250,000	16,500,000	18,750,000	
20		8,000	11,400,000	13,800,000	16,200,000	18,600,000	21,000,000	
21								

① [B15] 셀에 **=**를 입력하고 [B9] 셀을 클릭한 후 Enter 를 눌러 [B9] 셀과 연결한다.

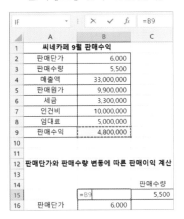

② [B15:G20] 영역을 범위 지정한 후 [데이터]-[예측] 그룹의 [가상 분석]-[데이터 표]를 클릭한다.

③ '행 입력 셀'에서 [B3], '열 입력 셀'에서 [B2] 셀로 지정한 후 [확인]을 클릭한다.

01 매크로

정답

	A	B	C	D	E	F	G	H
1			4D스크린 예매 현황					
2								
3	상영일	상영시간	티켓가격	예매수량	예매총액		합계	
4	8월 1일	16시	18,000	240	4,320,000			
5	8월 2일	16시	18,000	285	5,130,000			
6	8월 3일	16시	20,000	368	7,360,000		채우기색	
7	8월 4일	16시	20,000	410	8,200,000			
8	8월 5일	16시	20,000	392	7,840,000			
9	8월 6일	16시	18,000	185	3,330,000			
10	8월 7일	16시	18,000	227	4,086,000			
11	8월 8일	16시	18,000	245	4,410,000			
12	8월 9일	16시	18,000	295	5,310,000			
13	8월 10일	16시	20,000	388	7,760,000			
14	8월 11일	16시	20,000	435	8,700,000			
15	8월 12일	16시	20,000	402	8,040,000			
16			합계		74,486,000			
17								

① [E4] 셀을 제외한 나머지 셀을 선택하고 [개발 도구]-[코드] 그룹의 [매크로 기록](圖)을 클릭한다.

② 매크로 이름에 **합계**를 입력하고 [확인]을 클릭한다.

③ [E16] 셀에 **=SUM(E4:E15)**를 입력한다.

④ [개발 도구]-[코드] 그룹의 [기록 중지](□)를 클릭한다.

⑤ [개발 도구]-[컨트롤] 그룹의 [삽입]-[양식 컨트롤]의 '단추'(□)를 클릭하여 [G3:H4] 영역에 Alt 를 누른 채 드래그하여 그린다.

⑥ [매크로 지정]에서 '합계'를 선택한 후 '단추1'의 텍스트를 지우고 **합계**를 입력한다.

⑦ [개발 도구]-[코드] 그룹의 [매크로 기록](圖)을 클릭한다.

⑧ 매크로 이름은 **채우기색**을 입력하고 [확인]을 클릭한다.

⑨ [A3:E3], [A16] 영역을 범위 지정한 후 [홈]-[글꼴] 그룹에서 [채우기 색](🖌) 도구를 클릭하여 '표준 색 – 연한 파랑'을 선택한다.

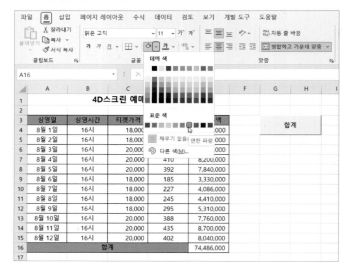

⑩ [개발 도구]-[코드] 그룹의 [기록 중지](□) 도구를 클릭한다.

⑪ [삽입]-[일러스트레이션] 그룹의 [도형]-[사각형]의 '사각형: 둥근 모서리'(□)를 클릭하여 [G6:H7] 영역에 Alt 를 누른 채 드래그하여 그린다.

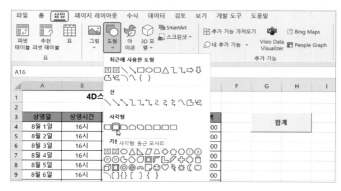

⑫ '사각형: 둥근 모서리'(□) 도형에 **채우기색**을 입력한 후, '채우기색' 도형의 경계라인에서 마우스 오른쪽 버튼을 눌러 [매크로 지정]을 클릭한다.

⑬ '채우기색'을 선택하고 [확인]을 클릭한다.

02 차트

정답

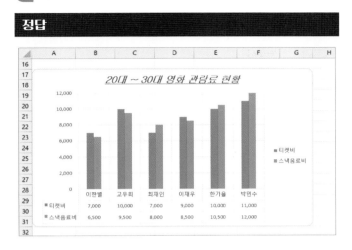

① '관람료 합계' 계열에서 마우스 오른쪽을 클릭하여 [삭제]를 클릭한다.

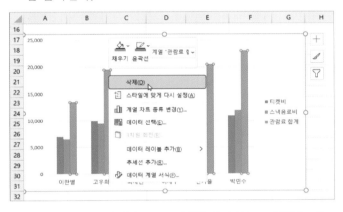

② 차트를 선택한 후 [차트 요소](⊞)에서 '차트 제목'을 체크한 후 **20대 ~ 30대 영화 관람료 현황**을 입력한다.

③ 차트 제목을 선택한 후 [홈]-[글꼴] 그룹에서 글꼴 '굴림', 크기 '16', 글꼴 스타일 '굵게', '기울임꼴', '밑줄'을 클릭한다.

④ 세로(값) 축에서 마우스 오른쪽 버튼을 눌러 [축 서식]을 클릭한다.

⑤ [축 서식]의 '축 옵션'에서 '최대값'에 **12,000**을 입력한다.

⑥ 차트를 선택한 후 [차트 요소](⊞)-[데이터 테이블]에서 '범례 표지 포함'을 선택하고, [눈금선]-[기본 주 세로]를 체크한다.

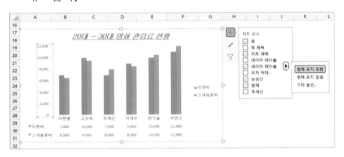

⑦ 차트 영역을 선택한 후 [차트 영역 서식]의 [채우기 및 선]에서 '테두리'의 '둥근 모서리'를 체크하고, '너비'에서 2를 입력한다.

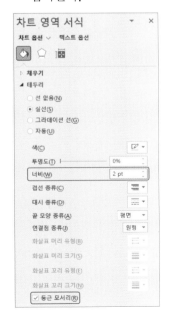

실전 모의고사 08회

프로그램명	소요시간	합격 점수
EXCEL 2021	40분	70점

수험번호 :

성   명 :

·· **유의사항** ··

- 인적 사항 누락 및 잘못 작성으로 인한 불이익은 수험자 책임으로 합니다.

- 화면에 암호 입력창이 나타나면 아래의 암호를 입력하여야 합니다.
  ○ 암호: 6845%3

- 작성된 답안은 주어진 경로 및 파일명을 변경하지 마시고 그대로 저장해야 합니다. 이를 준수하지 않으면 실격 처리됩니다.
  ○ 답안 파일명의 예: C:₩OA₩수험번호8자리.xlsm

- 외부데이터 위치: C:₩OA₩파일명

- 별도의 지시사항이 없는 경우, 다음과 같이 처리 시 실격 처리됩니다.
  ○ 제시된 시트 및 개체의 순서나 이름을 임의로 변경한 경우
  ○ 제시된 시트 및 개체를 임의로 추가 또는 삭제한 경우
  ○ 외부데이터를 시험 시작 전에 열어본 경우

- 답안은 반드시 문제에서 지시 또는 요구한 셀에 입력하여야 하며 다음과 같이 처리 시 채점 대상에서 제외됩니다.
  ○ 제시된 함수가 있을 경우 제시된 함수만을 사용하여야 하며 그 외 함수사용시 채점대상에서 제외
  ○ 수험자가 임의로 지시하지 않은 셀의 이동, 수정, 삭제, 변경 등으로 인해 셀의 위치 및 내용이 변경된 경우 해당 작업에 영향을 미치는 관련문제 모두 채점 대상에서 제외
  ○ 도형 및 차트의 개체가 중첩되어 있거나 동일한 계산결과 시트가 복수로 존재할 경우 해당 개체나 시트는 채점 대상에서 제외

- 수식 작성 시 제시된 문제 파일의 데이터는 변경 가능한(가변적) 데이터임을 감안하여 문제 풀이를 하시오.

- 별도의 지시사항이 없는 경우, 주어진 각 시트 및 개체의 설정값 또는 기본 설정값 (Default)으로 처리하시오.

- 저장 시간은 별도로 주어지지 않으므로 제한된 시간 내에 저장을 완료해야 하며, 제한 시간 내에 저장이 되지 않은 경우에는 실격 처리됩니다.

- 출제된 문제의 용어는 MS Office LTSC Professional Plus 2021 기준으로 작성되어 있습니다.

대 한 상 공 회 의 소

01 '기본작업-1' 시트에 다음의 자료를 주어진 대로 입력하시오. (5점)

	A	B	C	D	E	F	G
1	원도 컴퍼니 직원 자료						
2							
3	직원코드	직원명	부서명	주민등록번호	경력	연락처	
4	tere-51	이수창	경리부	820921-1234567	5년 9개월	010-5758-8757	
5	qbrs-52	유전미	기획부	821121-2345678	6년 4개월	010-3587-5173	
6	sblo-51	한현미	생산부	891229-2123455	2년 5개월	010-3778-5177	
7	wbtr-53	강연숙	영업부	870925-1038726	4년 2개월	010-5735-1877	
8	cowi-52	임창조	연구실	850515-1129868	9년 5개월	010-8877-5733	
9	hebr-51	최윤초	실험실	881225-2368544	2년 2개월	010-5757-1137	
10	qure-51	박미영	비서실	830630-1728759	4년 8개월	010-5733-7077	
11							

02 '기본작업-2' 시트에 대하여 다음의 지시사항을 처리하시오. (각 2점)

① [A1:G1] 영역은 '병합하고 가운데 맞춤', 글꼴 '궁서체', 크기 '17', 글꼴 스타일 '굵게', 밑줄 '이중 밑줄'로 지정하시오.

② [A14:C14] 영역은 '병합하고 가운데 맞춤'을, [A3:G3] 영역은 글꼴 '궁서', 크기 '12', 글꼴 색 '흰색, 배경1', 채우기 색 '표준 색 – 파랑', '가운데 맞춤'으로 지정하시오.

③ [D4:G14] 영역은 사용자 지정 서식을 이용하여 천 단위 구분 기호와 숫자 뒤에 "원"을 표시하고, [C4:C13] 영역은 '명'을 표시하시오. [표시 예 : 1000000 → 1,000,000원, 3 → 3명]

④ [B4:B6] 영역을 '아파트'로 이름을 정의하시오.

⑤ [A3:G14] 영역은 '모든 테두리'(⊞)를 적용하여 표시하시오.

03 '기본작업-3' 시트에 대하여 다음의 지시사항을 처리하시오. (5점)

다음의 텍스트 파일을 열어, 생성된 데이터를 '기본작업-3' 시트의 [B3:J13] 영역에 붙여 넣으시오.

▶ 외부 데이터 파일명은 '과목점수.txt'임

▶ 외부 데이터는 탭으로 구분되어 있음

▶ [파일]-[옵션]의 '데이터'에서 '텍스트에서(레거시)' 추가한 후 레거시 마법사를 이용

▶ '합계' 열은 제외할 것

계산작업(40점) **'계산작업'** 시트에서 다음 과정을 수행하고 저장하시오.

01 [표1]에서 주민등록번호[D3:D9]를 이용하여 생년월일[E3:E9]를 구하시오. (8점)

- ▶ 생년월일의 '연도'는 1900+주민등록번호 1~2번째 자리, '월'은 주민등록번호 3~4번째 자리, '일'은 주민등록번호 5~6번째 자리
- ▶ NOW, DATE, AND, OR, MID 중 알맞은 함수 사용

02 [표2]에서 외국어[I3:I9]가 80 이상이면서 일반상식[J3:J9] 또는 면접[K3:K9]이 70 이상이면 합격여부[L3:L9]에 '합격'을, 이 외에는 공백으로 표시하시오. (8점)

- ▶ IF, AND, OR 함수 사용

03 [표3]에서 점수[C13:C21]와 등급표[B24:E25]를 이용하여 등급[D13:D21]을 구하시오. 단, 점수가 등급표에 존재하지 않는 경우 등급에 '불합격'이라고 표시하시오. (8점)

- ▶ 등급표의 의미 : 점수가 100~199 이면 'D', 200~299 이면 'C', 300~399 이면 'B', 400 이상이면 'A'를 적용함
- ▶ HLOOKUP, VLOOKUP, IFERROR, INDEX 중 알맞은 함수 사용

04 [표4]에서 제품명[I13:I23]이 세탁기이면서 판매량[K13:K23]이 60 이상인 대리점 수를 [L25] 셀에 표시하시오. (8점)

- ▶ SUMIF, SUMIFS, COUNTIF, COUNTIFS 중 알맞은 함수 사용

05 [표5]에서 평균[E29:E36]을 기준으로 순위를 구하여 1~3위는 "선발", 나머지는 공백으로 최종결과[F29:F36]에 표시하시오. (8점)

- ▶ IF와 RANK.EQ 함수 사용 (순위는 오름차순으로 구함)

분석작업(20점) **주어진 시트에서 다음 과정을 수행하고 저장하시오.**

01 '분석작업-1' 시트에 대하여 다음의 지시사항을 처리하시오. (10점)

데이터 통합 기능을 이용하여 [표1], [표2], [표3]에 대한 제품명별, '총생산량', '불량품', '출고량'의 평균을 '가전제품 생산현황(3/4분기까지)'표의 [I13:K19] 영역에 계산하시오.

02 '분석작업-2' 시트에 대하여 다음의 지시사항을 처리하시오. (10점)

'출장비 지출내역' 표에서 식대[B15]가 다음과 같이 변동하는 경우 직위가 '과장'인 사원들의 '총합계'의 변동 시나리오를 작성하시오.

- ▶ 셀 이름 정의 : [B15] 셀은 '식대', [I4] 셀은 '이민주', [I9] 셀은 '강호동', [I12] 셀은 '백두희'로 정의하시오.
- ▶ 시나리오1 : 시나리오 이름은 '식대인상', 식대를 20,000으로 설정하시오.
- ▶ 시나리오2 : 시나리오 이름은 '식대인하', 식대를 12,000으로 설정하시오.
- ▶ 위 시나리오에 의한 '시나리오 요약' 보고서는 '분석작업-2' 시트 바로 앞에 위치시키시오.

※ 시나리오 요약 보고서 작성 시 정답과 일치하여야 하며, 오자로 인한 부분점수는 인정하지 않음

01 '매크로작업' 시트의 [표1]에서 다음과 같은 기능을 수행하는 매크로를 현재 통합 문서에 작성하고 실행하시오. (각 5점)

① [H4:H13] 영역에 SUM 함수를 이용하여 실지급액을 계산하는 매크로를 생성하여 실행하시오.
  ▶ 실지급액 = (기본급 + 초과근로수당 + 상여금) − 세금
  ▶ 매크로 이름 : 지급액
  ▶ [도형] → [사각형]의 '직사각형'(□)을 동일 시트의 [B15:C16] 영역에 생성하고, 텍스트를 "지급액"으로 입력한 후, 도형을 클릭할 때 '지급액' 매크로가 실행되도록 설정하시오.
② [A3:H3] 영역에 대하여 셀 스타일 '입력'을 적용하는 매크로를 생성하여 실행하시오.
  ▶ 매크로 이름 : 서식
  ▶ [도형] → [기본 도형]의 '사각형: 빗면'(□)을 동일 시트의 [E15:F16] 영역에 생성하고, 텍스트를 "서식"으로 입력한 후, 도형을 클릭할 때 '서식' 매크로가 실행되도록 설정하시오.

※ 셀 포인터의 위치에 상관없이 현재 통합 문서에서 매크로가 실행되어야 정답으로 인정됨

02 '차트작업' 시트의 차트를 지시사항에 따라 아래 그림과 같이 수정하시오. (각 2점)

※ 차트는 반드시 문제에서 제공한 차트를 사용하여야 하며, 신규로 작성 시 0점 처리됨

① 모델이 'C-4029'인 데이터가 차트에 표시되도록 데이터 범위를 추가하고, '마진율' 데이터 계열의 차트 종류를 '표식이 있는 꺾은 선형'으로 변경하고 '보조 축'으로 표시하시오.
② 차트 제목을 그림과 같이 입력하고, 글꼴 '굴림체', 크기 '17', '굵게'로 지정하시오.
③ '마진율' 데이터 계열 중 'S-4013'만 데이터 레이블 '값'을 표시하시오.
④ 보조 세로(값) 축의 기본 단위는 0.1 로 지정하시오.
⑤ 차트 영역의 테두리 스타일은 '둥근 모서리'로 지정하시오.

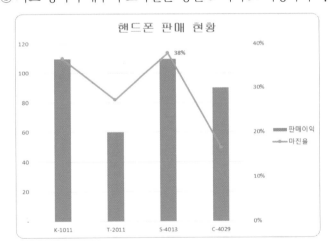

01 자료 입력

정답

	A	B	C	D	E	F	G
1	원도 컴퍼니 직원 자료						
2							
3	직원코드	직원명	부서명	주민등록번호	경력	연락처	
4	tere-51	이수창	경리부	820921-1234567	5년 9개월	010-5758-8757	
5	qbrs-52	유전미	기획부	821121-2345678	6년 4개월	010-3587-5173	
6	sblo-51	한현미	생산부	891229-2123455	2년 5개월	010-3778-5177	
7	wbtr-53	강연숙	영업부	870925-1038726	4년 2개월	010-5735-1877	
8	cowi-52	임창조	연구실	850515-1129868	9년 5개월	010-8877-5733	
9	hebr-51	최윤초	실험실	881225-2368544	2년 2개월	010-5757-1137	
10	qure-51	박미영	비서실	830630-1728759	4년 8개월	010-5733-7077	
11							

[A3:F10] 셀까지 문제를 보고 오타 없이 작성한다.

02 서식 지정

정답

	A	B	C	D	E	F	G	H
1				주거형태별 소비지출 내역				
2								
3	세대주	주거형태	가족수	월소득	피복비	식비	문화생활비	
4	이민형	아파트	4명	4,000,000원	380,000원	750,000원	680,000원	
5	김태주	아파트	3명	4,500,000원	450,000원	1,050,000원	950,000원	
6	변소연	아파트	3명	3,800,000원	290,000원	960,000원	670,000원	
7	송재훈	빌라	4명	4,800,000원	410,000원	750,000원	510,000원	
8	박경운	단독주택	3명	6,500,000원	750,000원	1,200,000원	780,000원	
9	진경순	빌라	2명	2,700,000원	300,000원	370,000원	340,000원	
10	최영국	다가구 주택	4명	7,500,000원	340,000원	680,000원	650,000원	
11	황준찬	단독주택	3명	8,900,000원	520,000원	498,000원	480,000원	
12	김종호	빌라	5명	5,600,000원	690,000원	751,000원	647,000원	
13	오안국	단독주택	1명	6,400,000원	150,000원	490,000원	150,000원	
14	평균			5,470,000원	428,000원	749,900원	585,700원	
15								

① [A1:G1] 영역을 범위 지정한 후 [홈]-[맞춤] 그룹에서 [병합하고 가운데 맞춤](📧)을 클릭하고, [글꼴] 그룹에서 글꼴 '궁서체', 크기 '17', '굵게', '이중 밑줄'을 선택한다.

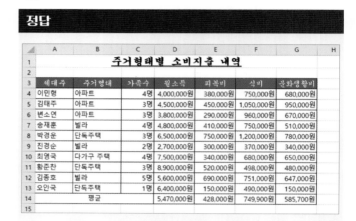

② [A14:C14] 영역을 범위 지정한 후 [홈]-[맞춤] 그룹에서 [병합하고 가운데 맞춤](📧)을 클릭한다.

③ [A3:G3] 영역을 범위 지정한 후 [홈]-[글꼴] 그룹에서 글꼴 '궁서', 크기 '12', [글꼴 색](🔤▾) 도구를 클릭하여 '흰색, 배경 1', [채우기 색](🎨▾)도구를 클릭하여 '표준 색 – 파랑'으로 선택하고, [맞춤] 그룹에서 [가운데 맞춤](≡)을 클릭한다.

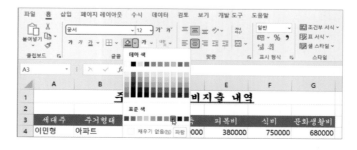

④ [D4:G14] 영역을 범위 지정한 후 Ctrl+1을 눌러 [표시 형식] 탭에서 '사용자 지정'을 선택하고 #,##0"원"을 입력하고 [확인]을 클릭한다.

⑤ [C4:C13] 영역을 범위 지정한 후 Ctrl+1을 [표시 형식] 탭에서 '사용자 지정'을 선택하고 G/표준"명"을 입력하고 [확인]을 클릭한다.

⑥ [B4:B6] 영역을 범위 지정한 후 '이름 상자'에 **아파트** 입력하고 Enter를 누른다.

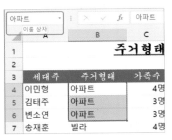

⑦ [A3:G14] 영역을 범위 지정한 후 [홈]−[글꼴] 그룹에서 [테두리](⊞ ▾) 도구의 [모든 테두리](⊞)를 클릭한다.

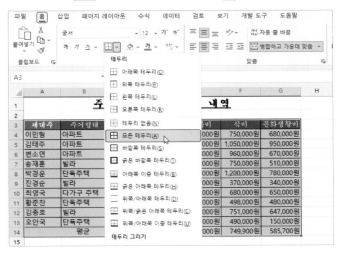

03 외부 데이터 가져오기

정답

	A	B	C	D	E	F	G	H	I	J
1		컴퓨터공학 과목점수 현황								
2										
3		학번	이름	과목A	과목B	과목C	과목D	과목E	평균	
4		202505123	이소영	26	29	28	27	26	27.2	
5		202505130	김현정	29	27	28	30	28	28.4	
6		202505103	박윤형	26	30	24	28	30	27.6	
7		202505113	최형주	24	28	26	30	30	27.6	
8		202505105	신성만	25	25	24	29	28	26.2	
9		202505118	강만경	26	28	25	28	30	27.4	
10		202505124	유은주	29	28	28	27	29	28.2	
11		202505019	양행주	29	27	29	28	28	28.2	
12		202505115	한금자	27	28	29	27	28	27.8	
13		202505135	전웅자	26	25	28	30	24	26.6	
14										

① [파일]-[옵션]을 클릭하여 '데이터'에서 '텍스트에서(레거시)'를 체크하고 [확인]을 클릭한다.

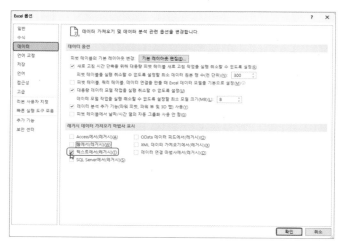

② [데이터] 탭의 [데이터 가져오기]-[레거시 마법사]-[텍스트(레거시)]를 클릭한다.

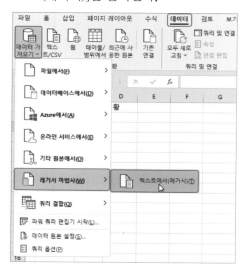

③ [1단계]에서 '구분 기호로 분리됨'을 선택하고 [다음]을 클릭한다.

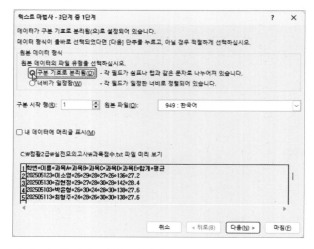

④ [2단계]에서 '탭'을 선택하고 [다음]을 클릭한다.

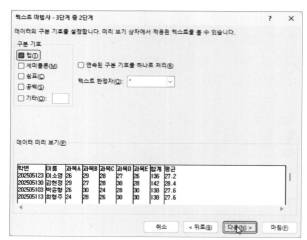

⑤ [3단계]에서 '합계'를 선택하고 '열 가져오지 않음(건너뜀)'을 선택하고 [마침]을 클릭한다.

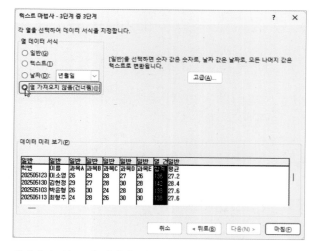

⑥ '기존 워크시트'의 [B3] 셀을 지정하고 [확인]을 클릭한다.

01 생년월일[E3:E9]

정답

▲	A	B	C	D	E	F
1	[표1]		자전거 동호회 회원		생년월일	
2	이름	성별	지역	주민등록번호	생년월일	
3	이주연	여	서초동	900424-2416488	1990년 04월 24일	
4	정민찬	남	잠원동	911211-1166461	1991년 12월 11일	
5	강미경	여	반포	920614-2244986	1992년 06월 14일	
6	최영찬	남	양재동	901011-1269844	1990년 10월 11일	
7	황영미	여	우면동	910206-2249896	1991년 02월 06일	
8	박소희	여	논현동	891119-2426946	1989년 11월 19일	
9	김지영	여	역삼동	880808-2446914	1988년 08월 08일	
10						

[E3] 셀에 =DATE(1900+MID(D3,1,2),MID(D3,3,2),MID(D3,5,2))를 입력하고 [E9] 셀까지 수식을 복사한다.

> **함수 설명**

❶ MID(D3, 1, 2) : [D3] 셀의 문자열에서 첫 번째 문자부터 두 자리 (연도)를 추출
❷ 1900 + ❶ : 추출한 연도 값에 1900을 더하여 실제 연도로 변환
❸ MID(D3, 3, 2) : [D3] 셀의 문자열에서 세 번째와 네 번째 자리 (월)를 추출
❹ MID(D3, 5, 2) : [D3] 셀의 문자열에서 다섯 번째와 여섯 번째 자리(일)를 추출

=DATE(❷,❸,❹) : DATE 함수는 추출된 연도, 월, 일 값을 조합하여 날짜 형식으로 반환

02 합격여부[L3:L9]

정답

▲	G	H	I	J	K	L	M
1	[표2]		신입사원 성적현황				
2	이름	성별	외국어	일반상식	면접	합격여부	
3	박현주	여	85	60	85	합격	
4	강진욱	남	57	70	80		
5	고유경	여	84	65	65		
6	이수창	남	81	80	65	합격	
7	한현숙	여	70	90	89		
8	나영림	여	80	50	80	합격	
9	최영수	남	90	70	80	합격	
10							

[L3] 셀에 =IF(AND(I3>=80,OR(J3>=70,K3>=70)),"합격","")를 입력하고 [L9] 셀까지 수식을 복사한다.

03 등급[D13:D21]

정답

▲	A	B	C	D	E
11	[표3]		등급 분류표		
12	번호	성명	점수	등급	
13	130255	최창희	389	B	
14	130525	임경모	38	불합격	
15	130515	강현숙	325	B	
16	130235	김지혜	49	불합격	
17	130455	전우진	356	B	
18	130215	강호영	235	C	
19	130355	박수창	157	D	
20	130553	이건모	222	C	
21	130155	황우식	52	불합격	
22					
23	[등급표]				
24	점수	100	200	300	400
25	등급	D	C	B	A
26					

[D13] 셀에 =IFERROR(HLOOKUP(C13,$B$24:$E$25,2),"불합격")를 입력하고 [D21] 셀까지 수식을 복사한다.

> **함수 설명**

❶ HLOOKUP(C13, $B$24:$E$25, 2) : [C13] 셀의 값을 데이터 범위([$B$24:$E$25]) 첫 번째 행에서 [C13]의 값을 찾고 검색한 값과 같은 열의 두 번째(2) 행에서 값을 반환

=IFERROR(❶, "불합격") : ❶값에 오류가 발생할 경우, "불합격"을 반환

04 대리점수[L25]

정답

▲	G	H	I	J	K	L	M
11	[표4]		대리점별 제품 판매 현황				
12	대리점	제품코드	제품명	판매가	판매량	판매금액	
13	인천	SR-1025	에어컨	1,250,000	57	71,250,000	
14	강원	VO-0823	세탁기	800,000	37	29,600,000	
15	경기	TV-1201	TV	1,100,000	57	62,700,000	
16	서울	SR-1025	에어컨	1,250,000	62	77,500,000	
17	대구	VO-0823	세탁기	800,000	71	56,800,000	
18	부산	SR-1025	에어컨	1,250,000	65	81,250,000	
19	서울	VO-0823	세탁기	800,000	66	52,800,000	
20	대전	VO-0823	세탁기	800,000	56	44,800,000	
21	원주	TV-1201	TV	1,100,000	37	40,700,000	
22	제주	TV-1201	TV	1,100,000	56	61,600,000	
23	전주	SR-1025	에어컨	1,250,000	39	48,750,000	
24							
25		세탁기 판매 우수 대리점				2	
26							

[L25] 셀에 =COUNTIFS(I13:I23,"세탁기",K13:K23,">=60")를 입력한다.

05 최종결과[F29:F36]

	A	B	C	D	E	F	G
27	[표5]	100m 달리기 대표선수 선발 결과					
28	이름	1차	2차	3차	평균	최종결과	
29	금시은	10.2	11	10.5	10.6		
30	강나경	11.2	12	11.5	11.6		
31	유전수	9.5	9.1	9.8	9.5	선발	
32	이진호	12.5	11.2	11.5	11.7		
33	최현경	11.4	11.1	10.6	11.0		
34	이민영	10.1	9.9	10.4	10.1	선발	
35	황유경	9.9	10.1	10.2	10.1	선발	
36	문지은	11.3	11.4	10.9	11.2		
37							

[F29] 셀에 =IF(RANK.EQ(E29,$E$29:$E$36,1)<=3,"선발","")를 입력하고 [F36] 셀까지 수식을 복사한다.

함수 설명

❶ RANK.EQ(E29, $E$29:$E$36, 1): [E29] 셀의 값을 범위([$E$29:$E$36])에서 오름차순(1)으로 순위를 구함

=IF(❶<=3, "선발", " ") : ❶의 3이하이면 '선발'을 반환하고, 그렇지 않으면 공백("")을 반환

01 데이터 통합

정답

	H	I	J	K	L
10					
11	**가전제품 생산현황(3/4분기까지)**				
12	제품명	총생산량	불량품	출고량	
13	세탁기	9,300	21	9,279	
14	냉장고	12,400	33	12,367	
15	TV	15,500	45	15,455	
16	청소기	10,540	26	10,514	
17	에어컨	8,060	16	8,044	
18	압력밥솥	15,500	45	15,455	
19	김치냉장고	14,260	40	14,220	
20					

① [H12:K19] 영역을 범위 지정한 후 [데이터]-[데이터 도구] 탭의 [통합]( )을 클릭한다.

② [통합]에서 '함수'는 '평균', '모든 참조 영역'은 [A2:F9], [H2:M9], [A12:F19] 영역에 추가한 후 '사용할 레이블'은 '첫 행', '왼쪽 열'을 체크하고 [확인]을 클릭한다.

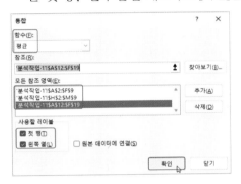

02 시나리오

정답

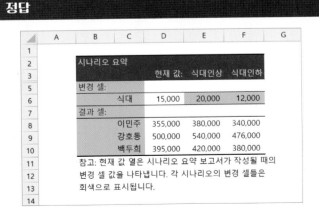

① [B15] 셀을 클릭하고 '이름 상자'에 **식대**를 입력하고 Enter 를 누른다.

② 같은 방법으로 [I4] 셀은 **이민주**, [I9] 셀은 **강호동**, [I12] 셀은 **백두희**로 이름을 정의한다.

③ [B15] 셀을 선택한 후 [데이터]-[예측] 탭의 [가상 분석]-[시나리오 관리자]를 클릭한다.

④ [시나리오 관리자]에서 [추가]를 클릭한다.

⑤ [시나리오 추가]에서 '시나리오 이름'은 **식대인상**을 입력하고, '변경 셀'은 [B15] 셀을 지정한 후 [확인]을 클릭한다.

⑥ [시나리오 값]에서 '식대'에 20000을 입력한 후 [추가]를 클릭한다.

⑦ [시나리오 추가]에서 '시나리오 이름'은 **식대인하**를 입력하고, '변경 셀'을 확인한 후 [확인]을 클릭한다.

⑧ [시나리오 값]에서 '식대'에 12000을 입력한 후 [확인]을 클릭한다.

⑨ [시나리오 관리자]에서 [요약]을 클릭하고, [시나리오 요약]에서 '결과 셀'이 [I4, I9, I12] 셀을 지정하고 [확인]을 클릭한다.

⑩ '시나리오 요약' 시트가 '분석작업-2' 시트 앞에 위치해 있는지 확인한다.

01 매크로

정답

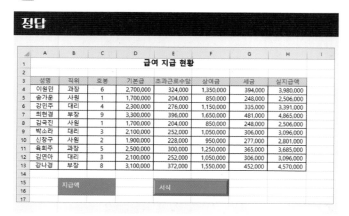

① [H4] 셀을 제외한 나머지 셀을 선택하고 [개발 도구]-[코드] 그룹의 [매크로 기록](📷)을 클릭한다.

② '매크로 이름'에 **지급액**을 입력하고 [확인]을 클릭한다.

③ [H4] 셀에 **=SUM(D4:F4)-G4**를 입력하고 [H13] 셀까지 수식을 복사한다.

④ [개발 도구]-[코드] 그룹의 [기록 중지](□)를 클릭한다.

⑤ [삽입]-[일러스트레이션] 그룹의 [도형]-[사각형]의 '직사각형'(□)을 클릭하여 [B15:C16] 영역에 **Alt**를 누른 채 드래그하여 그린다.

⑥ '직사각형'(□) 도형에 **지급액**을 입력한 후, '지급액' 도형의 경계라인에서 마우스 오른쪽 버튼을 눌러 [매크로 지정]을 클릭한다.

⑦ '지급액'을 선택하고 [확인]을 클릭한다.

⑧ [개발 도구]-[코드] 그룹의 [매크로 기록](📷)을 클릭한다.

⑨ 매크로 이름은 **서식**을 입력하고 [확인]을 클릭한다.

⑩ [A3:H3] 영역을 범위 지정한 후 [홈]-[스타일] 그룹에서 [셀 스타일]의 '입력'을 선택한다.

⑪ [개발 도구]-[코드] 그룹의 [기록 중지](□)를 클릭한다.

⑫ [삽입]-[일러스트레이션] 그룹의 [도형]-[기본 도형]에서 '사각형: 빗면'(□) 도형을 클릭하여 [E15:F16] 영역에 **Alt**를 누른 채 드래그하여 그린다.

⑬ 도형에 **서식**을 입력한 후, '서식' 도형의 경계라인에서 마우스 오른쪽 버튼을 눌러 [매크로 지정]을 클릭한다.

⑭ '서식'을 선택하고 [확인]을 클릭한다.

02 차트

정답

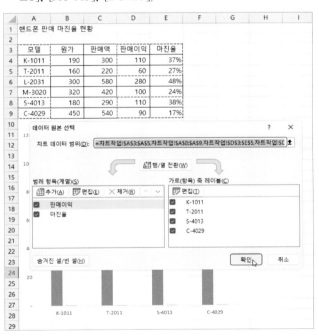

① 차트에서 마우스 오른쪽 버튼을 눌러 [데이터 선택]을 클릭한다.
② 다음과 같이 지정하고 [확인]을 클릭한다. ([A3:A5], [D3:E5], [A8:A9], [D8:E9])

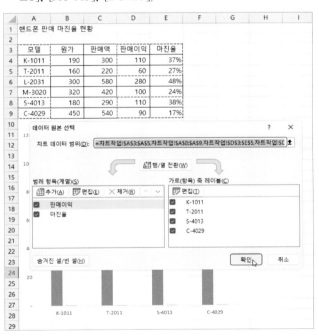

> **기적의 TIP**
>
> [A9], [D9:E9] 영역을 선택한 후 Ctrl+C를 눌러 복사하고 차트를 선택하여 Ctrl+V를 붙여 넣기 할 수 있다.

③ 차트에서 마우스 오른쪽 버튼을 눌러 [차트 종류 변경]을 클릭한다.

④ 차트 종류를 '혼합'을 선택하고, '마진율' 계열을 선택한 후 '표식이 있는 꺾은선형'을 선택하고, '보조 축'을 체크하고 [확인]을 클릭한다.

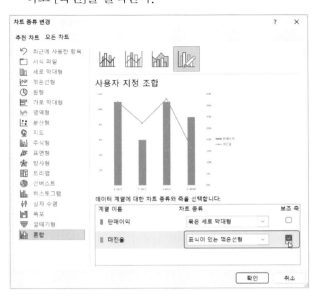

⑤ 차트를 선택한 후 [차트 요소](⊞)-[차트 제목]을 선택한 후 **핸드폰 판매 현황**을 입력한다.
⑥ '차트 제목'을 선택한 후 [홈]-[글꼴] 그룹에서 글꼴 '굴림체', 크기 '17', '굵게'를 지정한다.
⑦ '마진율' 계열의 'S-4013'을 천천히 두 번 클릭한 후 마우스 오른쪽 버튼을 눌러 [데이터 레이블 추가]를 클릭한다.
⑧ 보조 세로 (값) 축을 선택한 후 마우스 오른쪽 버튼을 눌러 [축 서식]을 클릭한다.
⑨ [축 서식]의 '축 옵션'에서 단위 '기본'에 0.1을 입력한다.

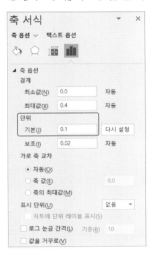

⑩ 차트를 선택한 후 [차트 영역 서식]에서 [채우기 및 선]에서 '테두리'에서 '둥근 모서리'를 체크한다.

▶ 합격 강의

실전 모의고사 **09회**

프로그램명	소요시간	합격 점수
EXCEL 2021	40분	70점

수험번호 :

성   명 :

유의사항

- 인적 사항 누락 및 잘못 작성으로 인한 불이익은 수험자 책임으로 합니다.

- 화면에 암호 입력창이 나타나면 아래의 암호를 입력하여야 합니다.
   ○ 암호: 6845%3

- 작성된 답안은 주어진 경로 및 파일명을 변경하지 마시고 그대로 저장해야 합니다. 이를 준수하지 않으면 실격 처리됩니다.
   ○ 답안 파일명의 예: C:₩OA₩수험번호8자리.xlsm

- 외부데이터 위치: C:₩OA₩파일명

- 별도의 지시사항이 없는 경우, 다음과 같이 처리 시 실격 처리됩니다.
   ○ 제시된 시트 및 개체의 순서나 이름을 임의로 변경한 경우
   ○ 제시된 시트 및 개체를 임의로 추가 또는 삭제한 경우
   ○ 외부데이터를 시험 시작 전에 열어본 경우

- 답안은 반드시 문제에서 지시 또는 요구한 셀에 입력하여야 하며 다음과 같이 처리 시 채점 대상에서 제외됩니다.
   ○ 제시된 함수가 있을 경우 제시된 함수만을 사용하여야 하며 그 외 함수사용시 채점대상에서 제외
   ○ 수험자가 임의로 지시하지 않은 셀의 이동, 수정, 삭제, 변경 등으로 인해 셀의 위치 및 내용이 변경된 경우 해당 작업에 영향을 미치는 관련문제 모두 채점 대상에서 제외
   ○ 도형 및 차트의 개체가 중첩되어 있거나 동일한 계산결과 시트가 복수로 존재할 경우 해당 개체나 시트는 채점 대상에서 제외

- 수식 작성 시 제시된 문제 파일의 데이터는 변경 가능한(가변적) 데이터임을 감안하여 문제 풀이를 하시오.

- 별도의 지시사항이 없는 경우, 주어진 각 시트 및 개체의 설정값 또는 기본 설정값 (Default)으로 처리하시오.

- 저장 시간은 별도로 주어지지 않으므로 제한된 시간 내에 저장을 완료해야 하며, 제한 시간 내에 저장이 되지 않은 경우에는 실격 처리됩니다.

- 출제된 문제의 용어는 MS Office LTSC Professional Plus 2021 기준으로 작성되어 있습니다.

대 한 상 공 회 의 소

01 '기본작업-1' 시트에 다음의 자료를 주어진 대로 입력하시오. (5점)

	A	B	C	D	E	F	G	H
1	리조트 여름 휴가 예약 현황							
2								
3	리조트명	고객명	예약일자	사용일수(박)	예약번호	사용인원(명)	구분	
4	델피노	강나경	2025-08-01	2	dpn-001	4	회원(기명)	
5	쏠비치	이한나	2025-07-30	3	sbch-008	4	회원(무기명)	
6	거제마리나	김미경	2025-08-15	4	mrn-090	3	일반	
7	소노펠리체	박수하	2025-07-28	2	pfch-003	4	회원초청	
8	비발디파크	최영찬	2025-08-02	4	bbd-004	6	회원(기명)	
9	제주	황준형	2025-08-03	3	jj-006	3	회원(기명)	
10	변산	오민경	2025-07-29	2	bs-010	4	회원(무기명)	
11	경주	유명희	2025-07-31	3	kj-203	5	회원(무기명)	
12	엠블호텔	전수영	2025-08-04	2	mb-290	2	회원초청	
13								

02 '기본작업-2' 시트에 대하여 다음의 지시사항을 처리하시오. (각 2점)

① [A1:G1] 영역은 '병합하고 가운데 맞춤', 글꼴 '굴림체', 크기 '18', 글꼴 스타일 '굵게'로 지정하시오.
② [A3:G3] 영역은 셀 스타일 '파랑, 강조색1'과 '가로 가운데 맞춤', [C4:C12] 영역은 표시 형식을 '쉼표 스타일', [F4:F12] 영역은 표시 형식을 '백분율 스타일'로 지정하시오.
③ [D4:D12] 영역은 사용자 지정 서식을 이용하여 천 단위 구분 기호와 숫자 뒤에 "원"을 표시하시오. [표시 예 : 1000 → 1,000원]
④ [F5] 셀에 "우수지점"이라는 메모를 삽입한 후 '자동 크기'로 지정하고, 항상 표시되도록 하시오.
⑤ [A3:G12] 영역은 '모든 테두리'(⊞)로 적용하시오.

03 '기본작업-3' 시트에 대하여 다음의 지시사항을 처리하시오. (5점)

'사원별 급여 현황' 표에서 인사고과가 20 이상이면서 상여비율이 7% 이상인 데이터를 고급 필터를 사용하여 검색하시오.
▶ 고급 필터 조건은 [A17:B18] 범위 내에 알맞게 입력하시오.
▶ 고급 필터 결과 복사 위치는 동일 시트의 [A20] 셀에서 시작하시오.

01 [표1]에서 과목별 80점대인 학생수를 구하여 [B11:E11] 영역에 표시하시오. (8점)

▶ 숫자 뒤에 "명"을 표시 [표시 예 : 2명]
▶ AVERAGEIFS, COUNTIFS, SUMIFS 중 알맞은 함수와 & 연산자를 사용

02 [표2]에서 자유형 50m 기록[H3:H11]이 빠른 5명은 "결승진출", 그 외에는 공백을 결과[I3:I11]에 표시하시오. (8점)

▶ IF와 SMALL 함수 사용

03 [표3]에서 직업코드[C15:C20]와 조견표[F15:G20]를 이용하여 직업[D15:D20]을 표시하시오. (8점)

▶ 조견표의 의미 : 직업코드 왼쪽의 한 자리가 1이면 학생, 2이면 군인, 3이면 공무원, 4이면 교사, 5이면 회사원임
▶ VLOOKUP과 LEFT, VALUE 함수 사용

04 [표4]에서 생년월일[B24:B30]부터 오늘 날짜까지의 날 수 계산[C24:C30]를 계산하시오. (8점)

▶ DAYS과 TODAY 함수 사용

05 [표5]에서 초과근무시간의 누적합계가 150 이상이면 "경고", 100 이상이면 "과다", 30 이상이면 "보통", 30 미만이면 공백으로 초과근무누적합계[I24:I30] 영역에 표시하시오. (8점)

▶ IF와 SUM 함수 사용

문제3 **분석작업(20점) 주어진 시트에서 다음 과정을 수행하고 저장하시오.**

01 '분석작업-1' 시트에 대하여 다음의 지시사항을 처리하시오. (10점)

'건강식품 판매 실적' 표에서 이익액[B18:B20]이 다음과 같이 변동하는 경우 순이익합계[G15]의 변동 시나리오를 작성하시오.
▶ 셀 이름 정의 : [B18] 셀은 '영지차이익액', [B19] 셀은 '사슴녹용이익액', [B20] 셀은 '홍삼정이익액', [G15] 셀은 '순이익합계'로 정의하시오.
▶ 시나리오1 : 시나리오 이름은 '이익액증가', 이익액을 영지차 1500, 사슴녹용 11000, 홍삼정 3500으로 설정하시오.
▶ 시나리오2 : 시나리오 이름은 '이익액감소', 이익액을 영지차 800, 사슴녹용 9000, 홍삼정 2500으로 설정하시오.
▶ 위 시나리오에 의한 '시나리오 요약' 보고서는 '분석작업-1' 시트 바로 앞에 위치시키시오.
※ 시나리오 요약 보고서 작성 시 정답과 일치하여야 하며, 오자로 인한 부분점수는 인정하지 않음

02 '분석작업-2' 시트에 대하여 다음의 지시사항을 처리하시오. (10점)

'사원임금 계산표'를 이용하여 사원이름은 '필터', 부서명은 '행', 직급명 '열'로 처리하고, '값'에 판매금액과 총수령액의 합계를 계산한 후 행/열의 총합계는 표시하지 않는 피벗 테이블을 작성하시오.
▶ 피벗 테이블 보고서는 동일 시트의 [A20] 셀에서 시작하시오.
▶ 보고서 레이아웃은 '개요 형식'으로 지정하시오.
▶ 판매금액과 총수령액의 합계는 셀 서식을 이용하여 표시 형식을 숫자 범주의 '1000 단위 구분 기호'로 지정하시오.

01 '매크로작업' 시트에서 다음과 같은 기능을 수행하는 매크로를 현재 통합 문서에 작성하고 실행하시오. (각 5점)

① [F4:F9] 영역에 합계를 계산하는 매크로를 생성하여 실행하시오.

  ▶ 매크로 이름 : 합계

  ▶ SUM 함수 사용

  ▶ [도형] → [사각형]의 '직사각형'(▢)을 동일 시트의 [B11:C12] 영역에 생성한 후 텍스트를 "합계"로 입력하고, 도형을 클릭할 때 '합계' 매크로가 실행되도록 설정하시오.

② [A3:F3] 영역에 채우기 색 '표준 색 – 자주', 글꼴 색 '표준 색 – 노랑'을 적용하는 매크로를 생성하여 실행하시오.

  ▶ 매크로 이름 : 서식

  ▶ [개발 도구] → [삽입] → [양식 컨트롤]의 '단추'(▢)를 동일 시트의 [E11:F12] 영역에 생성한 후 텍스트를 "서식"으로 입력하고, 도형을 클릭할 때 '서식' 매크로가 실행되도록 설정하시오.

  ※ 셀 포인터의 위치에 상관없이 현재 통합 문서에서 매크로가 실행되어야 정답으로 인정됨

02 '차트작업' 시트에서 다음 지시사항에 따라 〈그림〉과 같이 차트를 수정하시오. (각 2점)

※ 차트는 반드시 문제에서 제공한 차트를 사용하여야 하며, 신규로 작성 시 0점 처리됨

① '컴퓨터' 전공학과의 '기말고사'가 차트에 표시되도록 데이터 범위를 추가하시오.

② 차트 제목을 〈그림〉과 같이 입력하고, 글꼴 '굴림체', 글꼴 색 '표준 색 – 자주', 채우기 색 '표준 색 – 노랑'으로 지정하시오.

③ '구기자' 요소에만 데이터 레이블 '값(안쪽 끝에)'을 표시하시오.

④ 세로(값) 축의 최대값을 100, 기본 단위를 10으로 지정하시오.

⑤ 차트 영역의 테두리에 '그림자(오프셋: 아래쪽)'와 '둥근 모서리'를 지정하시오.

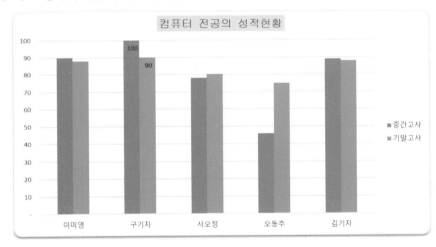

정답 & 해설 실전 모의고사 09회

문제1 기본작업

01 자료 입력

정답

	A	B	C	D	E	F	G	H
1	리조트 여름 휴가 예약 현황							
2								
3	리조트명	고객명	예약일자	사용일수(박)	예약번호	사용인원(명)	구분	
4	델피노	강나경	2025-08-01	2	dpn-001	4	회원(기명)	
5	쏠비치	이한나	2025-07-30	3	sbch-008	4	회원(무기명)	
6	거제마리나	김미경	2025-08-15	4	mrn-090	3	일반	
7	소노펠리체	박수하	2025-07-28	2	pfch-003	4	회원초청	
8	비발디파크	최영찬	2025-08-02	4	bbd-004	6	회원(기명)	
9	제주	황준형	2025-08-03	3	jj-006	3	회원(기명)	
10	변산	오민경	2025-07-29	2	bs-010	4	회원(무기명)	
11	경주	유명희	2025-07-31	3	kj-203	5	회원(무기명)	
12	엠블호텔	전수영	2025-08-04	2	mb-290	2	회원초청	
13								

[A3:G12] 셀까지 문제를 보고 오타 없이 작성한다.

02 서식 지정

정답

	A	B	C	D	E	F	G	H
1			지점별 세일기간 판매 현황					
2							(단위 : 천원)	
3	지점명	세일기간	전년도판매액	당월판매액	판매순위	전년도대비율	비고	
4	반포점	11/10-11/15	76,500	84,500원	5	10%	목표달성	
5	압구정점	11/11-11/16	66,500	90,500원	3	36%	초과달성	
6	서초점	11/13-11/18	88,500	99,500원	2	12%	목표달성	
7	양재점	11/10-11/16	63,500	71,500원	6	13%	목표달성	
8	대치점	11/09-11/13	95,000	86,500원	4	-9%	목표미달	
9	도곡점	11/05-11/10	76,500	66,500원	7	-13%	목표미달	
10	방배점	11/01-11/05	46,500	36,500원	9	-22%	목표미달	
11	삼성점	11/03-11/08	76,500	100,500원	1	31%	초과달성	
12	신사점	11/06-11/11	51,500	63,400원	8	23%	목표달성	
13								

① [A1:G1] 영역을 범위 지정한 후 [홈]-[맞춤] 그룹에서 [병합하고 가운데 맞춤](▦)을 클릭하고, [글꼴] 그룹에서 글꼴 '굴림체', 크기 '18', '굵게'를 선택한다.

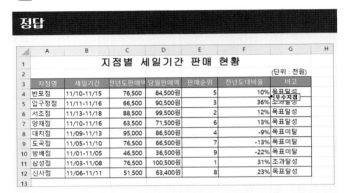

② [A3:G3] 영역을 범위 지정한 후 [홈]-[스타일] 그룹에서 [셀 스타일]을 클릭하여 '테마 셀 스타일'의 '파랑, 강조색 1'을 선택한 후 [맞춤] 그룹에서 [가운데 맞춤](▤)을 클릭한다.

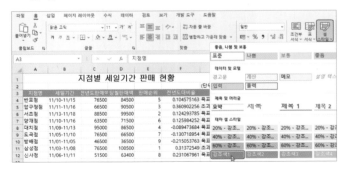

③ [C4:C12] 영역을 범위 지정한 후 [홈]-[표시 형식] 그룹
에서 [쉼표 스타일]([,])을 클릭한다.

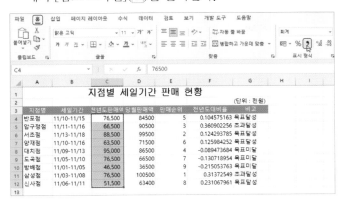

④ [F4:F12] 영역을 범위 지정한 후 [홈]-[표시 형식] 그룹
에서 [백분율 스타일]([%])을 클릭한다.

⑤ [D4:D12] 영역을 범위 지정한 후 마우스 오른쪽 버튼
을 눌러 [셀 서식]을 클릭 [표시 형식] 탭에서 '사용자 지
정'을 선택하고 #,##0원을 입력하고 [확인]을 클릭한다.

⑥ [F5] 셀에서 마우스 오른쪽 버튼을 눌러 [메모 삽입]을 클
릭하여 기존 사용자 이름을 지우고 **우수지점**을 입력한다.

⑦ 메모 상자 경계라인에서 마우스 오른쪽 버튼을 눌러 [메
모 서식]을 클릭하여 [맞춤] 탭에서 '자동 크기'를 체크하
고 [확인]을 클릭한다.

⑧ [F5] 셀에서 마우스 오른쪽 버튼을 눌러 [메모 표시/숨기
기]를 클릭한다.

⑨ [A3:G12] 영역을 범위 지정한 후 [홈]-[글꼴] 그룹에서
[테두리]([⊞ ▾]) 도구의 [모든 테두리]([⊞])를 클릭한다.

03 고급 필터

정답

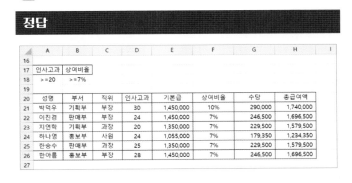

① [A17:B18] 영역에 다음과 같이 조건을 입력한다.

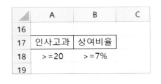

② [A3:H15] 영역을 범위 지정한 후 [데이터]-[정렬 및 필
터] 그룹의 [고급]을 클릭하여 다음 그림과 같이 지정하고
[확인]을 클릭한다.

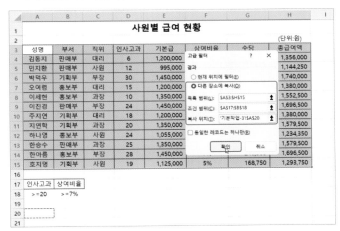

- 결과 : '다른 장소에 복사'
- 목록 범위 : [A3:H15]
- 조건 범위 : [A17:B18]
- 복사 위치 : [A20]

01 80점대[B11:E11]

정답

	A	B	C	D	E	F
1	[표1]	모의고사 평가				
2	수험번호	언어	수리탐구	선택과목	외국어	
3	M030101	84	88	85	78	
4	M030102	85	54	68	59	
5	M030103	75	82	64	70	
6	M030104	88	83	89	90	
7	M030105	결시	55	54	60	
8	M030106	65	44	결시	결시	
9	M030107	90	75	68	85	
10	M030108	76	82	84	83	
11	80점대	3명	4명	3명	2명	
12						

[B11] 셀에 =COUNTIFS(B3:B10,">=80",B3:B10,"<90")&"명"를 입력하고 [E11] 셀까지 수식을 복사한다.

02 결과[I3:I11]

정답

	G	H	I	J
1	[표2]	자유형 50m 기록		
2	선수명	기록(초)	결과	
3	김종명	25.6		
4	박상용	23.4	결승진출	
5	노광만	24.7		
6	조도희	22.9	결승진출	
7	민철주	23.7	결승진출	
8	이대희	25.1		
9	김형록	22.5	결승진출	
10	주도희	20.5	결승진출	
11	김도원	24.8		
12				

[I3] 셀에 =IF(SMALL($H$3:$H$11,5)>=H3,"결승진출","")를 입력하고 [I11] 셀까지 수식을 복사한다.

03 직업[D15:D20]

정답

	A	B	C	D	E	F	G
13	[표3]	회원현황					
14	연번	이름	직업코드	직업		<조건표>	
15	1	김민정	5-40	회사원		코드	직업
16	2	김수경	1-80	학생		1	학생
17	3	김영정	3-90	공무원		2	군인
18	4	김영한	2-70	군인		3	공무원
19	5	남시정	4-50	교사		4	교사
20	6	민형곤	5-60	회사원		5	회사원
21							

[D15] 셀에 =VLOOKUP(VALUE(LEFT(C15,1)),$F$16:$G$20,2,0)를 입력하고 [D20] 셀까지 수식을 복사한다.

04 날 수 계산[C24:C30]

정답

	A	B	C	D
22	[표4]	고객정보		
23	성명	생년월일	날 수 계산	
24	강용구	2000-03-15	8,795	
25	김길준	1999-12-25	8,876	
26	김구호	2002-02-02	8,106	
27	하장명	2003-03-03	7,712	
28	민구연	1998-12-12	9,254	
29	이상희	2001-01-01	8,503	
30	오정민	1999-11-11	8,920	
31				

[C24] 셀에 =DAYS(TODAY(),B24)를 입력하고 [C30]셀까지 수식을 복사한다.

05 초과근무누적합계[I24:I30]

정답

	F	G	H	I	J
22	[표5]	총무팀 근무시간현황			
23	이름	근무시간	초과근무시간	초과근무누적합계	
24	이형철	200	25		
25	안두훈	100	12	보통	
26	임정환	130	30	보통	
27	강소연	150	45	과다	
28	한가람	79	34	과다	
29	안동철	180	10	경고	
30	한마음	150	15	경고	
31					

[I24] 셀에 =IF(SUM($H$24:H24)>=150,"경고",IF(SUM
($H$24:H24)>=100,"과다",IF(SUM($H$24:H24)>=30,
"보통",""))) 입력하고 [I30] 셀까지 수식을 복사한다.

╭─ 함수 설명 ─╮

❶ $H$24:H24 : [$H$24:H24] 영역은 수식을 복사했을 때
   [H24:H25], [H24:H26], [H24:H27], ...으로 시작은 [H24] 셀부터
   시작하여 영역을 지정
❷ SUM(❶) : ❶의 합계를 구함

❶ =IF(❷>=150,"경고",IF(❷>=100,"과다",IF(❷>=30,"보통",""))) : ❷
   의 값이 150 이상이면 '경고', 100 이상이면 '과다', 30 이상이면
   '보통', 그 외는 공백으로 표시

01 시나리오

정답

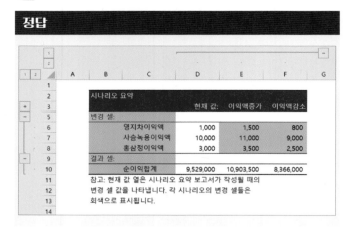

① [B18] 셀을 클릭하고 '이름 상자'에 **영지차이익액**을 입력
하고 Enter 를 누른다.

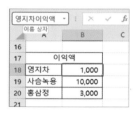

② 같은 방법으로 [B19] 셀은 **사슴녹용이익액**, [B20] 셀은
홍삼정이익액, [G15] 셀은 **순이익합계**로 이름을 정의한다.

③ [B18:B20] 영역을 범위 지정한 후 [데이터]–[예측] 그룹
의 [가상 분석]–[시나리오 관리자]를 클릭한다.

④ [시나리오 관리자]에서 [추가]를 클릭한다.

⑤ [시나리오 추가]에서 '시나리오 이름'은 **이익액증가**를 입
력하고, '변경 셀'은 [B18:B20] 영역을 지정한 후 [확인]
을 클릭한다.

⑥ [시나리오 값]에서 '영지차이익액'에 1500, '사슴녹용이익
액'에 11000, '홍삼정이익액'에 3500을 입력한 후 [추가]
를 클릭한다.

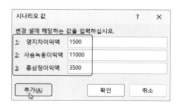

⑦ [시나리오 추가]에서 '시나리오 이름'은 **이익액감소**를 입
력하고, '변경 셀'은 [B18:B20] 영역을 지정한 후 [확인]
을 클릭한다.

⑧ [시나리오 값]에서 '영지차이익액'에 800, '사슴녹용이익
액'에 9000, '홍삼정이익액'에 2500을 입력한 후 [확인]
을 클릭한다.

⑨ [시나리오 관리자]에서 [요약]을 클릭하고, [시나리오 요
약]에서 '결과 셀'에 [G15] 셀을 지정하고 [확인]을 클릭
한다.

02 피벗 테이블

정답

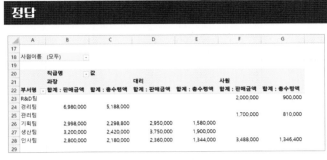

		직급명	값					
		과장		대리		사원		
부서명	합계 : 판매금액	합계 : 총수령액	합계 : 판매금액	합계 : 총수령액	합계 : 판매금액	합계 : 총수령액		
R&D팀					2,000,000	900,000		
경리팀	6,980,000	5,188,000						
관리팀					1,700,000	810,000		
기획팀	2,998,000	2,298,800	2,950,000	1,580,000				
생산팀	3,200,000	2,420,000	3,750,000	1,900,000				
인사팀	2,800,000	2,180,000	2,360,000	1,344,000	3,488,000	1,346,400		

① 데이터 안쪽에 커서를 두고 [삽입]-[표] 그룹의 [피벗 테이블](圖)을 클릭한다.
② [피벗 테이블 만들기]에서 '표/범위'는 [A3:H14], '기존 워크시트' [A20]을 지정하고 [확인]을 클릭한다.

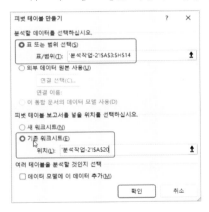

③ 다음 그림과 같이 '사원이름' 필드는 '필터', '부서명' 필드는 '행', '직급명' 필드는 '열', '판매금액', '총수령액' 필드는 '값'으로 드래그한다.

④ [피벗 테이블 분석] 탭의 [피벗 테이블] 그룹에서 [옵션]을 클릭한다.
⑤ [요약 및 필터] 탭에서 '행 총합계 표시'와 '열 총합계 표시' 체크를 해제하고 [확인]을 클릭한다.
⑥ 피벗 테이블을 선택하고 [디자인]-[레이아웃] 탭의 [보고서 레이아웃]-[개요 형식으로 표시]를 클릭한다.
⑦ 합계 : 판매금액[B22] 셀에서 마우스 오른쪽 버튼을 눌러 [값 필드 설정]을 클릭한다.

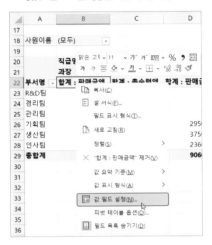

⑧ [값 필드 설정]에서 [표시 형식]을 클릭한 후 [셀 서식]에서 '숫자'를 선택한 후 '1000 단위 구분 기호(,) 사용'을 체크하고 [확인] 클릭한다.
⑨ 같은 방법으로 합계 : 총수령액[C22] 셀도 '1000 단위 구분 기호'를 표시한다.

01 매크로

정답

	A	B	C	D	E	F	G
1			1인가구주의 연령별 거주기간				
2						(단위 : %)	
3	연령구분	1년	2년	3년	4년	합계	
4	10대	69.8	18.3	3.6	1.9	93.6	
5	20대	52.2	28.9	8.1	4.5	93.7	
6	30대	38.4	28.1	10.4	8.3	85.2	
7	40대	29.9	21.7	10.3	8.7	70.6	
8	50대	17.4	14.6	8.2	7.9	48.1	
9	60대	7.9	7.6	4.6	5.1	25.2	
10							
11		합계				서식	
12							
13							

① [개발 도구]-[코드] 그룹의 [매크로 기록](📷)을 클릭한다.
② [매크로 기록]에서 '매크로 이름'은 **합계**를 입력하고 [확인]을 클릭한다.
③ [F4] 셀에 **=SUM(B4:E4)**를 입력하고 채우기 핸들을 이용하여 [F9] 셀까지 수식을 복사한다.
④ [개발 도구]-[코드] 그룹의 [기록 중지](□)를 클릭한다.
⑤ [삽입]-[일러스트레이션] 그룹의 [도형]-[사각형]의 '직사각형'(□)을 클릭하여 [B11:C12] 영역에 **Alt**를 누른 채 드래그하여 그린다.
⑥ '직사각형'(□) 도형에 **합계**를 입력한 후, '합계' 도형의 경계라인에서 마우스 오른쪽 버튼을 눌러 [매크로 지정]을 클릭한다.

⑦ [매크로 지정]에서 '합계'를 선택하고 [확인]을 클릭한다.
⑧ [개발 도구]-[코드] 그룹의 [매크로 기록](📷)을 클릭한다.
⑨ [매크로 기록]에서 '매크로 이름'은 **서식**을 입력하고 [확인]을 클릭한다.
⑩ [A3:F3] 영역을 범위 지정한 후 [홈] 탭의 [글꼴] 그룹에서 채우기 색 '표준 색 – 자주', 글꼴 색 '표준 색 – 노랑'을 선택한다.

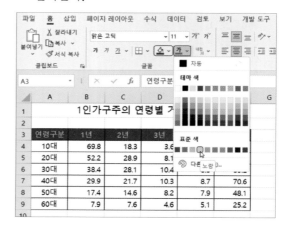

⑪ [개발 도구]-[코드] 그룹의 [기록 중지](□)를 클릭한다.
⑫ [개발 도구]-[컨트롤] 그룹의 [삽입]-[양식 컨트롤]의 '단추'(□)를 클릭하여 [E11:F12] 영역에 **Alt**를 누른 채 드래그하여 그린다.

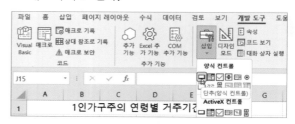

⑬ [매크로 지정]에서 '서식'을 선택한 후 '단추1'의 텍스트를 지우고 **서식**을 입력한다.

02 차트

정답

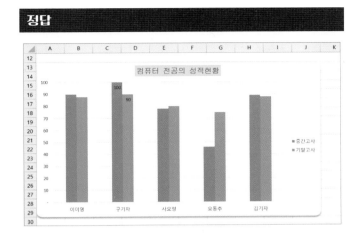

① [F3:F5], [F7:F8], [F10]을 범위 지정한 후 Ctrl+C를 눌러 복사한 후 차트를 선택하고, Ctrl+V를 눌러 기말고사 데이터를 추가한다.

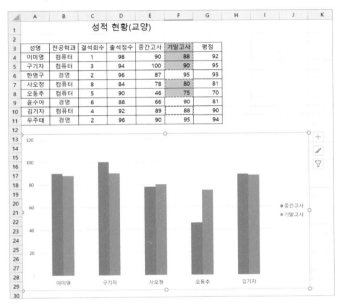

② 차트를 선택한 후 [차트 요소](⊞)에서 '차트 제목'을 체크한 후 **컴퓨터 전공의 성적현황**을 입력한다.

③ 차트 제목을 선택한 후 [홈]-[글꼴] 그룹에서 글꼴 '굴림체', [글꼴 색](가 ▾) 도구를 클릭하여 '표준색 – 자주', [채우기 색](◇ ▾) 도구를 클릭하여 '표준색 – 노랑'을 선택한다.

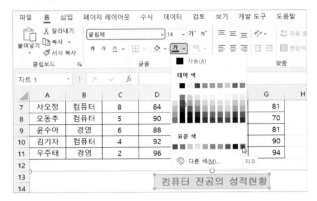

④ '중간고사'의 '구기자' 요소를 천천히 2번 클릭한 후 [차트 요소](⊞)에서 [데이터 레이블]-[안쪽 끝에]를 클릭한다.

⑤ '기말고사'의 '구기자' 요소를 천천히 2번 클릭한 후 [차트 요소](⊞)에서 [데이터 레이블]-[안쪽 끝에]를 클릭한다.

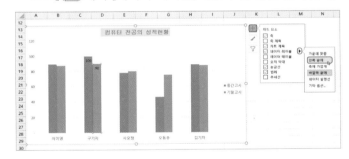

⑥ 세로(값) 축에서 마우스 오른쪽 버튼을 눌러 [축 서식]을 클릭한 후 '축 옵션'의 '최대값'은 100, 단위 '기본'에 10을 입력한다.

⑦ 차트 영역을 선택한 후 [차트 영역 서식]-[차트 옵션]-[채우기 및 선]에서 '테두리'의 '둥근 모서리'를 체크한다.

⑧ [효과]에서 '그림자'의 '미리 설정'을 클릭하여 '오프셋: 아래쪽'을 선택한다.

실전 모의고사 10회

프로그램명	소요시간	합격 점수
EXCEL 2021	40분	70점

수험번호 : _____

성   명 : _____

.... **유의사항** ....

- 인적 사항 누락 및 잘못 작성으로 인한 불이익은 수험자 책임으로 합니다.

- 화면에 암호 입력창이 나타나면 아래의 암호를 입력하여야 합니다.
  ○ 암호: 6845%3

- 작성된 답안은 주어진 경로 및 파일명을 변경하지 마시고 그대로 저장해야 합니다. 이를 준수하지 않으면 실격 처리됩니다.
  ○ 답안 파일명의 예: C:₩OA₩수험번호8자리.xlsm

- 외부데이터 위치: C:₩OA₩파일명

- 별도의 지시사항이 없는 경우, 다음과 같이 처리 시 실격 처리됩니다.
  ○ 제시된 시트 및 개체의 순서나 이름을 임의로 변경한 경우
  ○ 제시된 시트 및 개체를 임의로 추가 또는 삭제한 경우
  ○ 외부데이터를 시험 시작 전에 열어본 경우

- 답안은 반드시 문제에서 지시 또는 요구한 셀에 입력하여야 하며 다음과 같이 처리 시 채점 대상에서 제외됩니다.
  ○ 제시된 함수가 있을 경우 제시된 함수만을 사용하여야 하며 그 외 함수사용시 채점대상에서 제외
  ○ 수험자가 임의로 지시하지 않은 셀의 이동, 수정, 삭제, 변경 등으로 인해 셀의 위치 및 내용이 변경된 경우 해당 작업에 영향을 미치는 관련문제 모두 채점 대상에서 제외
  ○ 도형 및 차트의 개체가 중첩되어 있거나 동일한 계산결과 시트가 복수로 존재할 경우 해당 개체나 시트는 채점 대상에서 제외

- 수식 작성 시 제시된 문제 파일의 데이터는 변경 가능한(가변적) 데이터임을 감안하여 문제 풀이를 하시오.

- 별도의 지시사항이 없는 경우, 주어진 각 시트 및 개체의 설정값 또는 기본 설정값 (Default)으로 처리하시오.

- 저장 시간은 별도로 주어지지 않으므로 제한된 시간 내에 저장을 완료해야 하며, 제한 시간 내에 저장이 되지 않은 경우에는 실격 처리됩니다.

- 출제된 문제의 용어는 MS Office LTSC Professional Plus 2021 기준으로 작성되어 있습니다.

대 한 상 공 회 의 소

기본작업(20점) 주어진 시트에서 다음 과정을 수행하고 저장하시오.

01 '기본작업-1' 시트에 다음의 자료를 주어진 대로 입력하시오. (5점)

	A	B	C	D	E	F	G	H
1	패션 신발 온라인 판매 현황							
2								
3	판매코드	제품명	분류	등록일	판매금액	판매수량	비고	
4	SN101	메탈릭골드	스니커즈	2025-05-05	178000	30	남녀공용	
5	WK950	베이퍼 맥스 AIR	운동화	2025-06-04	168000	150	남성용	
6	PP590	코도반 더비슈즈	정장구두	2025-03-02	167000	5	남성용	
7	SN204	바스켓 하트 화이트	스니커즈	2025-10-31	110000	40	여성용	
8	SN302	슈퍼스타 파운데이션	스니커즈	2025-12-24	85000	60	여성용	
9	SN405	에어맥스	운동화	2025-02-25	125000	50	남녀공용	
10	PP450	애나멜 리본펌프스	정장구두	2025-12-01	31900	40	여성용	
11	WK444	튜블러 쉐도우 니트	운동화	2025-07-07	69000	20	남성용	
12	PP360	소가죽 글리터굽 청키힐	정장구두	2025-08-01	118000	35	여성용	
13								

02 '기본작업-2' 시트에 대하여 다음의 지시사항을 처리하시오. (각 2점)

① [A1:G1] 영역은 '병합하고 가운데 맞춤', 글꼴 'HY헤드라인M', 크기 '17', 행의 높이 '30'으로 지정하시오.

② [D3] 셀의 "분류"를 한자 "分類"로 변환하시오.

③ [E11] 셀에 "최고실적"이라는 메모를 삽입한 후 '자동 크기'로 지정하고, 항상 표시되도록 하시오.

④ [E4:E11] 영역은 사용자 지정 서식을 이용하여 천 단위 구분 기호와 숫자 뒤에 "만원"을 표시하되, 셀 값이 0일 경우에는 "0만원"으로 표시하시오. [표시 예 : 1000 → 1,000만원]

⑤ [A3:G11] 영역은 '모든 테두리'(⊞)와 '굵은 바깥쪽 테두리'(▣)로 적용하여 표시하시오.

03 '기본작업-3' 시트에 대하여 다음의 지시사항을 처리하시오. (5점)

'급여대장' 표에서 총지급액이 3,000,000 이상 5,000,000 미만이면서 지점명이 '문'으로 끝나는 데이터를 사용자 지정 필터를 사용하여 검색하시오.

▶ 사용자 지정 필터의 결과는 [A3:G17] 영역의 데이터를 이용하여 추출하시오.

01 [표1]에서 컴퓨터일반[B3:B8]이 컴퓨터일반 평균 이상이고, 워드[C3:C8]이 워드 평균 이상이면 "합격"을, 그렇지 않으면 "불합격"을 결과[D3:D8]에 표시하시오. (8점)

▶ IF, AND, AVERAGE 함수 사용

02 [표2]에서 제품코드[F3:F9]와 판매수량[G3:G9], 판매가격표[J2:K9]를 이용하여 판매금액[H3:H9]을 계산하시오. (8점)

▶ 판매금액 : 판매수량 × 판매가
▶ VLOOKUP와 LEFT 함수 사용

03 [표3]에서 계열[A13:A20]이 "인문"이거나 "자연"인 영어[E13:E20]의 평균을 계산하여 [E21] 셀에 표시하시오. (8점)

▶ [F19:F21] 영역에 조건 입력
▶ 결과값은 반올림하여 소수 2자리까지 표시 (예 : 79.333 → 79.33)
▶ DAVERAGE와 ROUND 함수 사용

04 [표4]에서 사번[H13:H21]의 세 번째 문자가 "1"이면 "경리과", "2"이면 "인사과", "3"이면 "총무부", 그 외에는 "영업부"를 비고[K13:K21]에 표시하시오. (8점)

▶ IFERROR, CHOOSE, MID 함수 사용

05 [표5]에서 소속지점[B25:B31]이 "북부"이면서 판매량[C25:C31]이 "20" 이상인 사원명의 판매금액[D25:D31] 합계를 계산하여 [D32] 셀에 표시하시오. (8점)

▶ 숫자 뒤에 "원"을 표시(예 : 556000원)
▶ COUNTIFS, SUMIFS, AVERAGEIFS 중 알맞은 함수와 & 연산자 사용

01 '분석작업-1' 시트에 대하여 다음의 지시사항을 처리하시오. (10점)

'사원 승진 심사표'를 이용하여 성명은 '필터', 직위는 '행', 부서명 '열'로 처리하고, '값'에 총점의 평균, 외국어 점수의 최대 값을 계산한 후 'Σ 값'을 '행'으로 설정하는 피벗 테이블을 작성하시오.
▶ 피벗 테이블 보고서는 동일 시트의 [A22] 셀에서 시작하시오.
▶ 피벗 테이블 보고서는 행의 총합계만 표시하시오.

02 '분석작업-2' 시트에 대하여 다음의 지시사항을 처리하시오. (10점)

데이터 통합 기능을 이용하여 [표1], [표2], [표3]에 대한 분류별 '1분기', '2분기', '3분기', '4분기'의 평균을 집계표의 [H4:K7] 영역에 계산하시오.

01 '매크로작업' 시트에서 다음과 같은 기능을 수행하는 매크로를 현재 통합 문서에 작성하고 실행하시오. (각 5점)

① [E4:E10] 영역에 합계를 계산하는 매크로를 생성하여 실행하시오.

▶ 매크로 이름 : 합계

▶ SUM 함수 사용

▶ [개발 도구] → [삽입] → [양식 컨트롤]의 '단추'(□)를 동일 시트의 [G3:H4] 영역에 생성한 후 텍스트를 "합계"로 입력하고, 도형을 클릭할 때 '합계' 매크로가 실행되도록 설정하시오.

② [E4:E10], [B10:D10] 영역을 '통화 형식(₩)' 기호로 표시하는 매크로를 생성하여 실행하시오.

▶ 매크로 이름 : 통화

▶ [도형] → [사각형]의 '사각형: 둥근 모서리'(▢)를 동일 시트의 [G6:H7] 영역에 생성한 후 텍스트를 "통화"로 입력하고, 도형을 클릭할 때 '통화' 매크로가 실행되도록 설정하시오.

※ 셀 포인터의 위치에 상관없이 현재 통합 문서에서 매크로가 실행되어야 정답으로 인정됨

02 '차트작업' 시트에서 다음 지시사항에 따라 〈그림〉과 같이 차트를 수정하시오. (각 2점)

※ 차트는 반드시 문제에서 제공한 차트를 사용하여야 하며, 신규로 작성 시 0점 처리됨

① 성명별로 '면접'과 '총계' 계열만 차트에 표시되도록 데이터 범위를 지정하시오.

② '면접' 계열의 차트 종류를 '영역형'으로 변경하시오.

③ 차트 제목을 입력하고, 범례는 위쪽에 배치하시오.

④ '총계' 계열의 선 스타일은 '완만한 선'으로, 표식 옵션의 모양은 '■'으로 지정하시오.

⑤ 세로(값) 축의 표시 형식은 범주의 '숫자', 소수 자릿수는 '1'로 지정하시오.

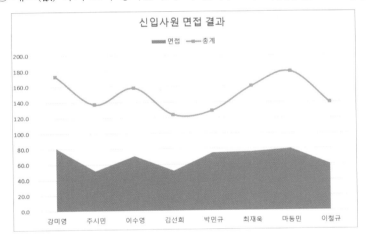

01 자료 입력

정답

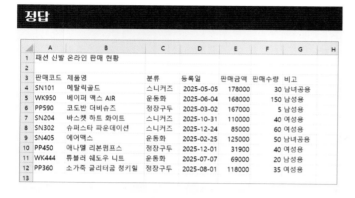

[A3:G12] 셀까지 문제를 보고 오타 없이 작성한다.

02 서식 지정

정답

	A	B	C	D	E	F	G	H
1				거래처 현황				
2								
3	거래처구분	주민등록번호	대표자이름	分類	거래실적	거래은행	계좌번호	
4	매입	720803-1037616	박민수	공업사	6,500만원	국민	100503-0200975	
5	매출	690112-2155789	김복용	일반고객	7,500만원	농협	082-58-01779	
6	매출	700512-2578157	박태석	일반고객	4,700만원	서울	250-21-0009-589	
7	매출	710514-2157849	임병호	일반고객	5,500만원	서울	10179-0051897	
8	매출	760429-2639839	정민영	일반거래	6,000만원	국민	835-21-0316-209	
9	매입	680503-1238476	김광수	카센타	4,500만원	조흥	013813-0052142	
10	매입	680314-2385678	엄용택	부품대리점	8,950만원	우리	345-3546-9987	
11	매입	760820-1639839	김영남	공업사	9,540만원	우리	453-4456-2345	
12								

① [A1:G1] 영역을 범위 지정한 후 [홈]-[맞춤] 그룹에서 [병합하고 가운데 맞춤](▦)을 클릭하고, [글꼴] 그룹에서 글꼴 'HY헤드라인M', 크기 '17'을 선택한다.

② 1행에서 마우스 오른쪽 버튼을 눌러 [행 높이]를 클릭한다.

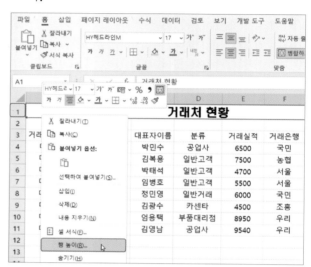

③ [행 높이] 대화상자에 30을 입력하고 [확인]을 클릭한다.

④ [D3] 셀에서 더블 클릭한 후 키보드의 한자를 눌러 '分類'를 선택한 후 [변환]을 클릭한다.

⑤ [E11] 셀에서 마우스 오른쪽 버튼을 눌러 [메모 삽입]을 클릭하여 기존 사용자 이름을 지우고 **최고실적**을 입력한다.

⑥ [E11] 셀에서 마우스 오른쪽 버튼을 눌러 [메모 표시/숨기기]를 클릭한다.

⑦ 메모 상자 경계라인에서 마우스 오른쪽 버튼을 눌러 [메모 서식]을 클릭하여 [맞춤] 탭에서 '자동 크기'를 체크하고 [확인]을 클릭한다.

⑧ [E4:E11] 영역을 범위 지정한 후 마우스 오른쪽 버튼을 눌러 [셀 서식]을 클릭하고 [표시 형식] 탭의 [사용자 지정]에서 #,##0"만원"을 입력하고 [확인]을 클릭한다.

⑨ [A3:G11] 영역을 범위 지정한 후 [홈]−[글꼴] 그룹에서 [테두리](⊞ ·) 도구의 [모든 테두리](⊞)를 클릭한 후 [굵은 바깥쪽 테두리](⬜)를 다시 한 번 클릭한다.

03 자동 필터

정답

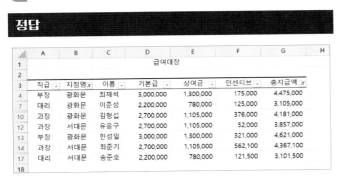

① 데이터 안쪽에 임의의 셀 하나를 클릭한 후 [데이터]−[정렬 및 필터] 그룹에서 [필터](▽)를 클릭한다.

② [G3] 셀의 목록 단추(▾)를 클릭하여 [숫자 필터]−[사용자 지정 필터]를 클릭한다.

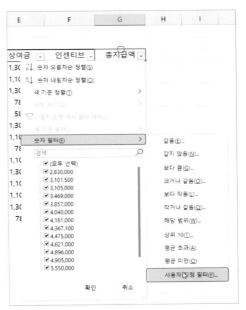

③ [사용자 지정 자동 필터]에서 다음과 같이 지정하고 [확인]을 클릭한다.

- >= 3000000
- 그리고
- < 5000000

④ [B3] 셀의 목록 단추(▾)를 클릭하여 [텍스트 필터]−[끝 문자]를 클릭한다.

⑤ [사용자 지정 자동 필터]에서 '끝 문자', **문**을 입력하고 [확인]을 클릭한다.

01 합격여부[D3:D8]

정답

	A	B	C	D	E
1	[표1]	사원현황			
2	사원명	컴퓨터일반	워드	합격여부	
3	이지연	65	75	불합격	
4	한가람	77	85	합격	
5	오두영	85	62	불합격	
6	안치연	90	88	합격	
7	명기영	45	55	불합격	
8	나미인	78	78	합격	
9					

[D3] 셀에 =IF(AND(B3>=AVERAGE($B$3:$B$8),C3>=AVERAGE($C$3:$C$8)),"합격","불합격")를 입력하고 [D8] 셀까지 수식을 복사한다.

함수 설명

❶ B3>=AVERAGE($B$3:$B$8) : [B3] 셀의 값이 [B3:B8] 범위의 평균보다 크거나 같을 때 TRUE를 반환.
❷ C3>=AVERAGE($C$3:$C$8) : [C3] 셀의 값이 [C3:C8] 범위의 평균보다 크거나 같을 때 TRUE를 반환
❸ =AND(❶,❷) : 두 조건을 모두 만족해야 TRUE

=IF(❸,"합격","불합격") : ❸의 조건이 TRUE이면 "합격"을 반환하고, 그렇지 않으면 "불합격"을 반환

02 판매금액[H3:H9]

정답

	F	G	H	I	J	K	L
1	[표2]	가전제품 판매현황			<판매가격표>		
2	제품코드	판매수량	판매금액		제품명	판매가	
3	EE-105	13	3,524,989		AA	1,800,000	
4	BB-203	5	2,750,000		BB	550,000	
5	FF-205	20	1,120,000		CC	1,032,600	
6	CC-308	8	8,260,800		DD	1,371,500	
7	DD-402	6	8,229,000		EE	271,153	
8	AA-670	2	3,600,000		FF	56,000	
9	GG-720	9	8,010,000		GG	890,000	
10							

[H3] 셀에 =G3*VLOOKUP(LEFT(F3,2),$J$3:$K$9,2,0)를 입력하고 [H9] 셀까지 수식을 복사한다.

03 인문과 자연계열의 영어 점수의 평균[E21]

정답

	A	B	C	D	E	F	G
11	[표3]	모의고사 성적표					
12	계열	학번	국어	수학	영어		
13	인문	M0301	89	92	94		
14	자연	M0302	67	73	77		
15	예체능	M0303	79	82	85		
16	자연	M0304	92	96	94		
17	인문	M0305	100	95	96		
18	자연	M0306	84	85	87		
19	예체능	M0307	59	64	54	계열	
20	인문	M0308	78	83	82	인문	
21	인문과 자연계열의 영어 점수의 평균				88.33	자연	
22							

① [F19:F21] 영역에 다음과 조건을 입력한다.

	F	G
18		
19	계열	
20	인문	
21	자연	
22		

② [E21] 셀에 =ROUND(DAVERAGE(A12:E20,E12,F19:F21),2)를 입력한다.

04 비고[K13:K21]

	H	I	J	K	L
11	[표4]	사원 감봉 현황			
12	사번	이름	실수령액	비고	
13	T-101	김가네	34,200	경리과	
14	Q-201	남이사	38,370	인사과	
15	G-002	이영감	35,470	영업부	
16	Y-301	최참봉	28,060	총무부	
17	I-402	박달재	30,000	영업부	
18	H-102	서섭이	29,970	경리과	
19	U-303	장사진	27,000	총무부	
20	R-212	조양회	32,140	인사과	
21	P-506	김민정	29,500	영업부	
22					

[K13] 셀에 =IFERROR(CHOOSE(MID(H13,3,1),"**경리과**","**인사과**","**총무부**"),"**영업부**")를 입력하고 [K21] 셀까지 수식을 복사한다.

> **함수 설명**
>
> ❶ MID(H13,3,1) : [H13] 셀에서 세 번째 위치에 있는 한 문자를 추출
>
> ❷ CHOOSE(❶,"경리과","인사과","총무부") : ❶의 결과가 1이면 "경리과", 2이면 "인사과", 3이면 "총무부"를 반환
>
> =IFERROR(❷,"영업부") : ❷의 결과가 오류이면, "영업부"를 반환 하도록 설정

05 북부 판매량 20 이상인 판매금액 합계[D32]

	A	B	C	D	E
23	[표5]	영업실적현황			
24	사원명	소속지점	판매량	판매금액	
25	정기영	북부	45	2,592,000	
26	장금이	남부	33	1,900,800	
27	박태훈	북부	25	1,440,000	
28	태구영	남부	36	2,073,600	
29	우지원	북부	23	1,324,800	
30	여혜경	남부	34	1,958,400	
31	유미나	북부	15	864,000	
32	북부 판매량 20 이상인 판매금액 합계			5356800원	
33					

[D32] 셀에 =SUMIFS(D25:D31,B25:B31,"북부",C25:C31,">=20")&"원"를 입력한다.

01 피벗 테이블

정답

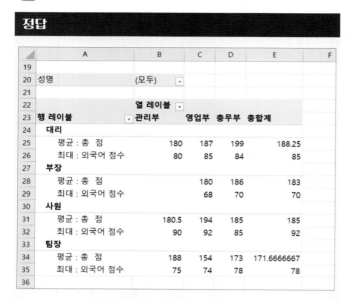

	A	B	C	D	E	F
19						
20	성명	(모두) ▼				
21						
22		열 레이블 ▼				
23	행 레이블 ▼	관리부	영업부	총무부	총합계	
24	대리					
25	평균 : 총 점	180	187	199	188.25	
26	최대 : 외국어 점수	80	85	84	85	
27	부장					
28	평균 : 총 점		180	186	183	
29	최대 : 외국어 점수		68	70	70	
30	사원					
31	평균 : 총 점	180.5	194	185	185	
32	최대 : 외국어 점수	90	92	85	92	
33	팀장					
34	평균 : 총 점	188	154	173	171.6666667	
35	최대 : 외국어 점수	75	74	78	78	
36						

① 데이터 안쪽에 커서를 두고 [삽입]-[표] 그룹의 [피벗 테이블](▦)을 클릭한다.

② [피벗 테이블 만들기]에서 '표/범위'는 [A3: G17], '기존 워크시트' [A22]를 지정하고 [확인]을 클릭한다.

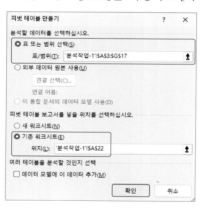

③ 다른 그림과 같이 배치한 후 열 레이블에 있는 'Σ 값'을 행 레이블로 이동한다.

④ [A25] 셀에서 더블 클릭하여 [값 필드 설정]에서 '평균'을 선택하고 [확인]을 클릭한다.

⑤ [A26] 셀에서 더블 클릭하여 [값 필드 설정]에서 '최대'을 선택하고 [확인]을 클릭한다.

⑥ [피벗 테이블 분석] 탭의 [피벗 테이블] 그룹에서 [옵션]을 클릭한다.

⑦ [요약 및 필터]에서 '열 총합계 표시' 체크를 해제하고 [확인]을 클릭한다.

02 통합

정답

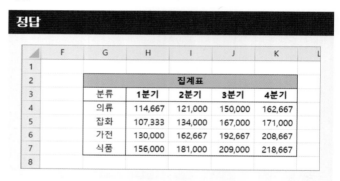

	F	G	H	I	J	K	L
1							
2				집계표			
3		분류	1분기	2분기	3분기	4분기	
4		의류	114,667	121,000	150,000	162,667	
5		잡화	107,333	134,000	167,000	171,000	
6		가전	130,000	162,667	192,667	208,667	
7		식품	156,000	181,000	209,000	218,667	
8							

① [G3:K7] 영역을 범위 지정한 후 [데이터]-[데이터 도구] 그룹의 [통합](▤)을 클릭한다.

② [통합]에서 그림과 같이 지정하고 [확인]을 클릭한다.

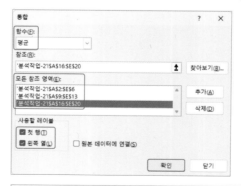

- **함수** : 평균
- **참조 영역** : [A2:E6], [A9:E13], [A16:E20]
- **사용할 레이블** : 첫 행, 왼쪽 열

01 매크로

정답

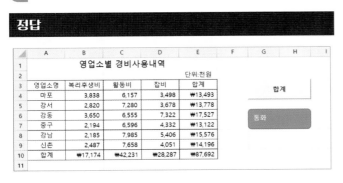

① [개발 도구]-[코드] 그룹의 [매크로 기록](🔲)을 클릭한다.
② [매크로 기록]에서 '매크로 이름'은 **합계**를 입력하고 [확인]을 클릭한다.

③ [B4:E10] 영역을 범위 지정한 후 [수식] 탭의 [함수 라이브러리] 그룹에서 [자동 합계](Σ)를 클릭한다.
④ [개발 도구]-[코드] 그룹의 [기록 중지](🔲)를 클릭한다.
⑤ [개발 도구]-[컨트롤] 그룹의 [삽입]-[양식 컨트롤]의 '단추'(🔲)를 클릭하여 [G3:H4] 영역에 Alt 를 누른 채 드래그한다.

	A	B	C	D	E	F	G	H	I
1			영업소별 경비사용내역						
2					단위:천원				
3	영업소명	복리후생비	활동비	잡비	합계				
4	마포	3,838	6,157	3,498	13,493				
5	강서	2,820	7,280	3,678	13,778				
6	강동	3,650	6,555	7,322	17,527				
7	중구	2,194	6,596	4,332	13,122				
8	강남	2,185	7,985	5,406	15,576				
9	신촌	2,487	7,658	4,051	14,196				
10	합계	17,174	42,231	28,287	87,692				
11									

⑥ [매크로 지정]에서 '합계'를 선택한 후 '단추1'의 텍스트를 지우고 **합계**를 입력한다.
⑦ [개발 도구]-[코드] 그룹의 [매크로 기록](🔲)을 클릭한다.
⑧ [매크로 기록]에서 '매크로 이름'은 **통화**를 입력하고 [확인]을 클릭한다.

⑨ [E4:E10], [B10:D10] 영역을 범위 지정하고 [홈]-[표시 형식] 그룹에서 '통화'를 선택한다.

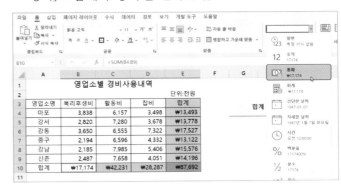

⑩ [개발 도구]-[코드] 그룹의 [기록 중지](🔲)를 클릭한다.
⑪ [삽입]-[일러스트레이션] 그룹의 [도형]-[사각형]의 '사각형: 둥근 모서리'(🔲)를 클릭하여 [G6:H7] 영역에 Alt 를 누른 채 드래그하여 그린다.
⑫ '사각형: 둥근 모서리'(🔲) 도형에 **통화**를 입력한 후, '통화' 도형의 경계라인에서 마우스 오른쪽 버튼을 눌러 [매크로 지정]을 클릭한다.
⑬ [매크로 지정]에서 '통화'를 선택하고 [확인]을 클릭한다.

정답

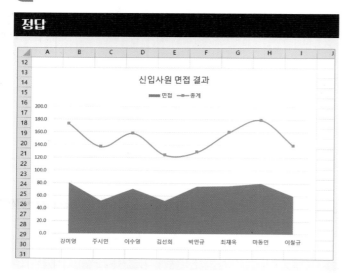

① '실기' 계열에서 마우스 오른쪽 버튼을 눌러 [삭제]를 클릭한다.

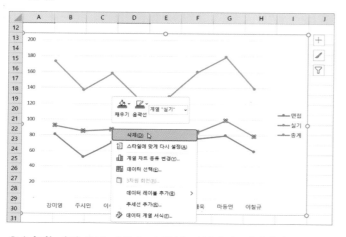

② '면접' 계열에서 마우스 오른쪽 버튼을 눌러 [계열 차트 종류 변경]을 클릭한다.

③ '면접' 계열을 선택한 후 차트 종류를 '영역형'의 '영역형'을 선택하고 [확인]을 클릭한다.

④ 차트를 선택한 후 [차트 요소](⊞)에서 '차트 제목'을 체크한 후 **신입사원 면접 결과**를 입력한다.

⑤ 차트를 선택한 후 [차트 요소](⊞)에서 [범례]-[위쪽]을 클릭한다.

⑥ '총계' 계열에서 마우스 오른쪽 버튼을 눌러 [데이터 계열 서식]을 클릭한다.

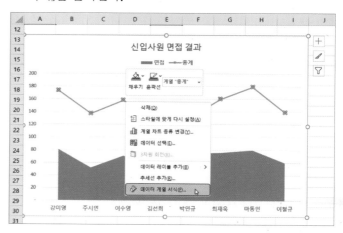

⑦ [데이터 계열 서식]의 [채우기 및 선]-[선]-[테두리]에서 '완만한 선'을 선택한다.

⑧ [데이터 계열 서식]의 [채우기 및 선]-[표식]-[표식 옵션]에서 '기본 제공'의 '■'을 선택한다.

⑨ 세로(값) 축을 선택한 후 [축 서식]의 [축 옵션]-[표시 형식]에서 '숫자', 소수 자릿수 '1'로 지정한다.